ロープノットの
インテリア

メルヘンアートスタジオ

ROPE
KNOT

THE CRAFT OF CREATIVE
KNOTTING FOR YOUR HOME

小学館

KNOT VARIATIONS
いろいろな結び

この本でおもに使用する21種類の結びです。英語名と日本での呼び方を併記しました。

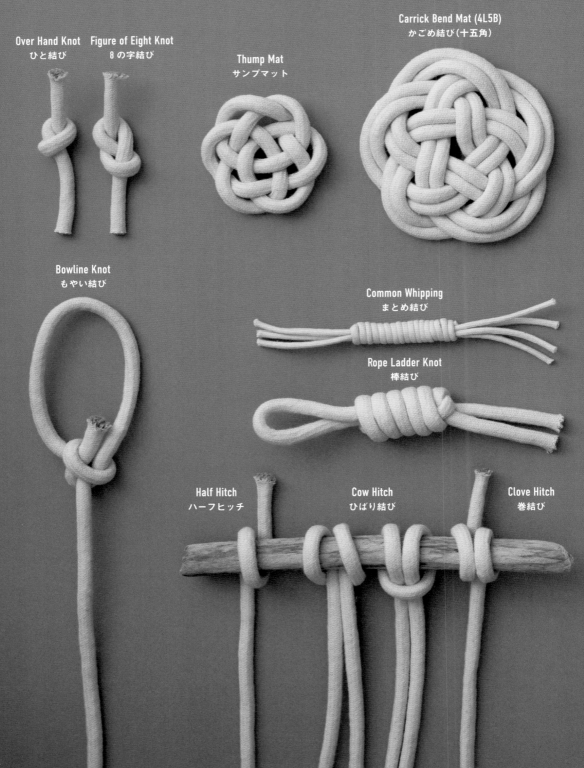

Over Hand Knot
ひと結び

Figure of Eight Knot
8の字結び

Thump Mat
サンプマット

Carrick Bend Mat (4L5B)
かごめ結び（十五角）

Bowline Knot
もやい結び

Common Whipping
まとめ結び

Rope Ladder Knot
棒結び

Half Hitch
ハーフヒッチ

Cow Hitch
ひばり結び

Clove Hitch
巻結び

Carrick Bend Mat (3L8B)
相生結び

Carrick Bend Mat (3L4B)
あわじ結び

Square Mat
スクエアマット

Spiral Mat
スパイラルマット

Kringle Mat
袈裟結び

Carrick Bend Mat(3L5B)
かごめ結び（十角）

Zipper Sennit
くさり結び

Portuguese Square Sennit
平結び

Half Hitch Spiral
輪結び

Pipa Knot
みょうが結び

Monkey's Fistl
モンキーノット

WHAT IS "ROPE KNOT"?
ロープノットとは？

ロープノットとは、読んで字のごとくロープを結ぶ（knot）こと、またはロープで作った結び目のこと。ロープを目的に合わせてさまざまな技法で結ぶ、ロープワークをベースとするクラフトです。ロープワークは船を係留したり、錨と船を結ぶなど海の仕事の技術として発達したこともあり、海のイメージが強い技術。そのため大ぶりな結び目そのものや結びのテクニックを応用して作る雑貨が、海のイメージを演出するインテリアのポイントアイテムとなっています。

ただ、"海感のある雑貨が作れる"というだけでなく、テクニックをマスターするとキャンプや登山などのアウトドアや、日常生活のなかでも役立つスキルになるというのが、ロープワークの面白いところ。

そんなロープワークに飾り結びやマクラメの技法も取り入れた結びのハンドメイドを本書では「ロープノット」としてご紹介します。

"ひもを結ぶ"こと自体は古代から世界中で行われ、改良を重ねながら発展し、蓄積されてきた技術。その技術を用いて、一本のロープが面になり、立体になり、モノになる驚きを体感してほしい――そんな思いから、この本ではベーシックなテクニックで作れるシンプルなアイテムをご紹介しています。ロープノットの雑貨作りで、結びの奥深さと醍醐味をぜひご堪能ください。

CONTENTS

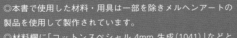

◎本書で使用した材料・用具は一部を除きメルヘンアートの
製品を使用して製作されています。
◎材料欄に「コットンスペシャル 4mm 生成 (1041)」などと
記載されている場合、( ) 内の数字は色番号です。

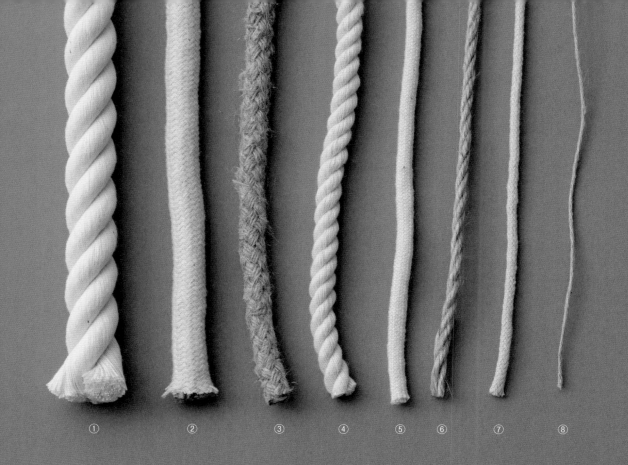

8 TYPES OF ROPES & CORDS
この本で使用するロープとコード

本書では、写真の８種類のロープとコードを使用しています（写真は実寸です）。
それぞれのスペックは次の通り。

①コットンロープ　太さ 14mm ／こちらは本来クラフト用ではない業務用の撚りロープ
ですが、手軽に存在感ある作品が作れる極太タイプです。

②コットンスペシャル ロープ 10mm ／⑤、⑦の 10mm バージョン。極太なのでマットな
ど大物作りにぴったりです。

③リネンロープ　太さ 9mm ／リネンの編みロープ。芯にはレーヨンを使用しているため
ハリがあって結びやすく、軽めに仕上がります。

④ビッグ未ザラシ #130　太さ 6mm ／生成のコットン 100％の撚りロープ。"張り撚り"と
いうこだわりの製法でしっかり撚りをかけた丈夫なロープです。

⑤コットンスペシャル 4.0mm　太さ 4mm ／上質なコットンを芯と側に使用した編みロー
プ。初心者にも扱いやすいロープです。

⑥ジュートコード・細　太さ 3mm ／ジュート（黄麻）100％の撚りロープ。ラフな風合い
が持ち味です。

⑦コットンスペシャル 2.0mm　太さ 2mm ／⑤の 2mm バージョン。本書では素材の色を
活かした生成を使用しています。

⑧ヘンプトゥワイン 細タイプ　太さ 1.2mm ／ワックス加工なしのヘンプ 100％のコード。
本書では装飾を兼ねたロープのほつれ止めに使用しています。

COLUMN

太さを変えると別アイテムになる

同じ結びでも、使用するロープを変えるだけで仕上がりサイズはまったく違ってきます。たとえば、マット系結びの定番技法のひとつ「キャリックベンドマット（3L4B）[Carrick Bend Mat (3L4B) ／あわじ結び]」。10mm のロープで 2 周結ぶと直径 9cm、4mm のロープで 2 周結ぶと直径 4cm ほどになります。写真は左が 10mm のロープ、右が 4mm のロープで結んだもの。ともに実寸です。10mm バージョンはコースターにぴったり（→ P.18）。4mm バージョンは裏面にマグネットをつけてメモボードで使用したり、ブローチピンをつけてバッジにしたりするのにちょうどいいサイズです。本書でご紹介している作品も、使用するロープの太さを変えるとアイデアしだいで違うアイテムにアレンジすることができます。好みの太さのロープを使用して、オリジナルアイテム作りに挑戦してみませんか。

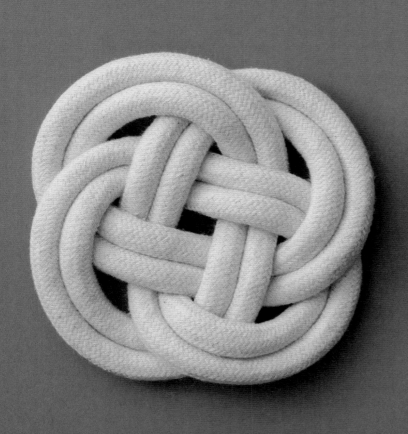

TOOLS AND EQUIPMENT
使用する道具と準備するもの

①定規：サイズや結び目の間隔、ロープの計測などに使用します。

②原木：タペストリーの土台にします。無骨なロープノット作品にはワイルドな原木のテイストがよく合います。

③テープ：ロープの端が作業中にほつれないように巻き止めたり、ピンを打てない場所で作業するときにロープを固定したりと、用途はいろいろ。色違いで用意しておくと、長さの違うロープの目印としても使えます。

④手縫い糸と縫い針：ロープの端を縫い止めて始末するときに使用します。太いロープの始末には、20番程度の太めの糸がおすすめです。

⑤接着剤（レチックス）と竹串：ロープの端の固定＆ほつれ止めに使用します。竹串は手を汚さずに接着剤を塗ったり、接着したロープを押さえたりするときに使います。

⑥メジャー：使い方は定規と同様。長尺の計測にはメジャーが便利です。

⑦目玉クリップ：ロープの端を固定したり、休めておくロープをまとめてよけておくときなどに使います。

⑧はさみ：太いロープもスパッと切れる、切れ味のよいものを。

⑨鉗子：せまい隙間からロープを引き出したいときにあると便利です。

⑩ラジオペンチ：結び目をしっかり引き締めたいときに使います。力に自信のない方には、とくに使用をおすすめしたい道具。

⑪目打ち：結び目にロープを通す隙間をあけたり、間違えた結び目をほどいたりするときに使います。

⑫マクラメピン：作業中にロープの交点など、形作りのポイントとなる位置をこのピンで固定します。太めの針なので、太いロープでもしっかり止まります。

⑬ゲージ：水平に等間隔で結び目を作る際は、ボール紙を間隔の寸法に合わせてカットしてゲージを作り、そのゲージを添えながら結ぶと、結び目の位置がそろいます。

⑭マクラメボード・コルクボード：平らな場所でマクラメピンを刺しながら作業をするときに、サイズの確認もできる方眼入りのマクラメボードがあると便利です。大きな作品を作るときは、作品サイズより大きなコルクボードを使いましょう。コルクボードはマクラメピンが貫通しないよう、厚さ1.5cm以上のものがおすすめ。

①

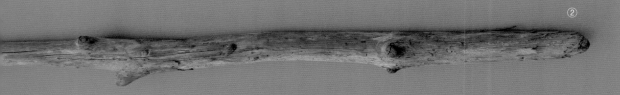

②

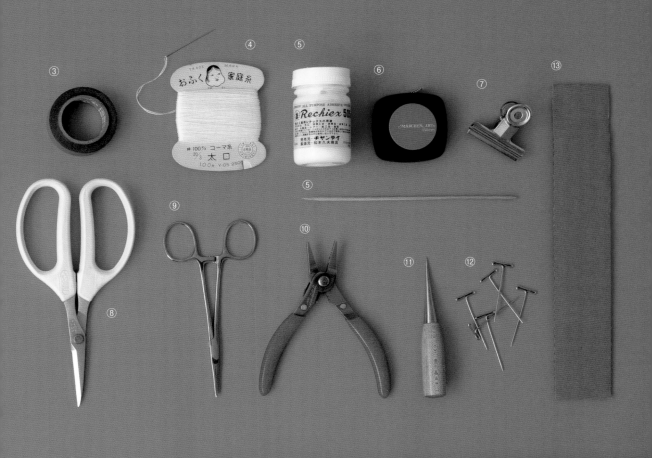

TIPS TO MAKE IT WELL
ロープノットのコツ

TIP 1 ロープは最初に準備する

作品作りをする際は、まず最初に使用する長さ、本数のロープを準備しておきましょう。同じ種類で長さ違いのロープが複数ある場合は、同じ種類ごとにグループ分けし、色違いのマスキングテープなどで印をつけておくと間違うことなく使い分けられます。作業中にグループ分けして休ませておく場合は、グループごとにまとめて軽く結んでおいたり、束ねて目玉クリップではさんでおくのもおすすめです。

TIP 2 ロープの端にはテープを巻く

ロープをくり返し隙間に通していると、先端がほつれて広がってくる場合も。そうならないよう、先端にテープを巻きつけておくのがおすすめです。同じ種類で長さの違うロープを使用する場合は、右ページの小さなかせにした白いロープのように、先端にほつれ止めと長さ違いの目印を兼ねたテープを巻いておくと合理的。テープを巻くときは、先端部分をとがらせるように巻くと隙間を通す作業がより楽になります。

TIP 3 長いロープは"基準単位"で測る

長いロープを測る際は、最初に1メートル分（または基準になる長さ）を定規やメジャーを使用して測り、そのあとは最初に測ったロープを"基準単位"にしてそのロープに沿わせて計測するようにすれば、効率よく計測を進めることができます。ロープを1周巻くと必要な長さになる段ボールなどを用意して、ぐるぐる巻いて測る方法もあります。

TIP 4 練習する

最初は結んだり、ほどいたりしながら感覚をつかみましょう。同じ結びを繰り返すタイプの作品なら、作品と同じロープの短いもので試し結びをして、ほどよい結び目のサイズや引き締めの力加減を確認しておくと失敗を防ぐことができます。

TIP 5 "ゲージ"を使う

等間隔に結び目を配置して面を作る場合などは、間隔に合わせてカットしたボール紙の"ゲージ"を作り、ゲージをあてながら結ぶと間隔がそろいます。方眼用紙や方眼つきのボードを下に敷いて目安にするのもおすすめです。

TIP 6 ボードにピンで固定しながら結ぶ

ロープをボードにピンで固定しながら結ぶと、作業しやすくなります。固定方法はロープの交点に刺す、輪郭のポイント部分にピンを刺し、ピンにロープを引っかけて形を保って作業する、という2種類が基本。作品に合わせて使い分けましょう。

TIP 7 作業しやすくまとめておく

少しずつ使う長いロープは小さな"かせ"にまとめておきましょう。作り方は下の通り。この方法でまとめておくと、使う分だけかせから引き出して使えるようになり便利です。

①片手を広げ、親指と小指に写真のように8の字にロープをかける。

② ①と同様に、親指と小指に交互にロープをかけていく。

③残り少なくなったら指を抜き、中央に余ったロープを巻いて軽くとめる。

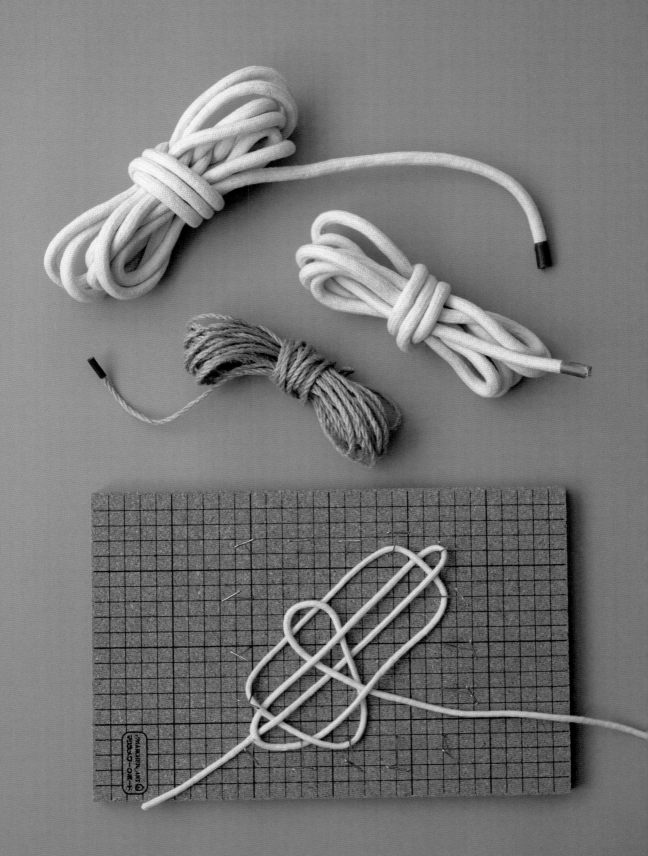

引っぱりにくい箇所では鉗子やペンチを活用する

ロープをせまい隙間に通すとき、細いひもならとじ針などを使えるのですが、太いロープではそうはいきません。代わりに役立つのが、鉗子やラジオペンチです。

鉗子ははさみのような形状で、先端が細くなっているのでせまい隙間にも入れ込んで、ロープを引っぱり出すことができます。ラジオペンチは鉗子と同じような使い方に加え、ロープをしっかりと引き締めたいときにも使えます。"締めるべきところをしっかり締める"のもコツのひとつ。力が弱く、ロープを引き締めきれない方にはラジオペンチの活用をおすすめします。

◎鉗子の使い方

①鉗子の先端を隙間に入れ込んでロープの先端をはさむ。

②はさんだロープが抜けないように隙間から引き出す。

◎ラジオペンチの使い方

ペンチを差し入れやすい箇所でロープをはさみ、しっかり引き締める。

作業するときはゆるめに。ゆるみは最後に引き締める

最後に引き締めて成形するタイプの作品では、形を作っていく際、ロープは少しゆるめに渡していったほうが隙間にゆとりができ、スムーズに作業を進めることができます。

作業中のたるみは、最後の成形の段階で引き締めます。引き締めるときの基本ルールは"結び始めから結び終わりへとゆるみを送る"こと。結び始め位置の近くから、結び始めの余り分が短くならないよう注意しながらロープを引き締め、ゆるい分は進行方向へ送ります。このとき、ロープは1本ずつ動かし、別のロープにはさわらないのがポイントです。

◎ロープの引き締め方

結び終わり
結び始め

①結び始め近くのロープをつまみ、巻いたときの進行方向へ引き締める。

②巻いた順にゆるみを結び終わり側へ送る要領で1本ずつ引き締めていく。

③引き締め終わると全体の形が整い、結び終わりのロープが長くなる。

継ぎ目やロープの端は目立たないように始末する

ロープの端や、ロープを継ぎ足したときの継ぎ目は、なるべく目立たないように始末します。端の始末には接着剤を使う方法と縫い止める方法があり、接着剤の始末は手軽ですが、洗濯する

（洗う場合は手洗いで）可能性がある場合は、縫い止める始末がおすすめです。また、芯のある編みロープの場合、ロープの端部分の芯を抜き、厚みを抑えてから始末すると、より仕上がりがきれ

いになります。

ロープの継ぎ目は目立たない色の糸で縫い合わせ、継いだあとは継ぎ目を引っぱりすぎないように注意して作業しましょう。

◎接着剤を使う始末

①ロープの端を裏面に出し、2cm程度残してカットする。

②端を固定する箇所のベース側に竹串の先で接着剤をつける。

③端を接着剤をつけた位置に竹串で押しつけてしっかりつけ、乾くまで置く。

◎縫い止める始末 ※実際には目立たない色の糸で縫う

①結び始めと結び終わりの端を裏に出し、それぞれ10cm程度に切る。

②針に糸をつけて玉結びし、端Aを1回縫って（針を貫通させて）から、3〜4回糸を巻きつける。

③端Aから間に並んだロープも含めて、端Bまで針を貫通させ、糸を引き締める。

④端Bにも3〜4回糸を巻きつける。

⑤最後に針を1回端Bに貫通させてから玉止めし、端A、Bを短く切る。

◎編みロープの芯の抜き方

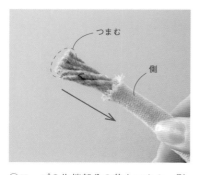

①ロープの先端部分の芯をつまみ、側だけを引き下げて芯を出す。

②露出した芯をカットする。

③側を元の長さに戻す。戻した側をほぐすとフリンジにもなる。

◎ロープの継ぎ方　※実際には目立たない色の糸で縫う

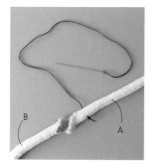

①２本のロープの端をそれぞれ斜めにカットして突き合わせる。針に糸をつけて玉結びし、Aの端に糸を通す。

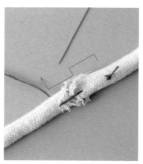

②矢印のように２本の継ぎ目とBのロープに針を入れ、ざっくりと２針縫う。

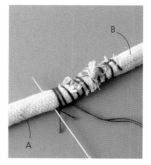

③①で針を出した位置まで糸を巻いて戻り、最初の玉結びの近くに針を入れ、反対側に出して糸を引き締める。

④玉止めをして、糸を切る。

BITS OF KNOWLEDGE
ロープノットの豆知識——かせで売られているロープの扱い方

長尺のロープには、かせの状態で販売されているものもあります。かせとは、一定の枠に糸などを巻き取って束にしたもので、ねじってまとめられていますが、広げると大きな輪になり、端は束に巻き、結び合わされています。かせの状態のロープをそのまま使うとからまってしまうので、下のようにして最初にかせを棒状のものに巻き取っておきます。巻き取りの芯には、ラップの芯などを使うのがおすすめ。ほかに筒状に丸めた段ボールなども使えます。

◎かせになったロープの下準備

①かせを広げると大きな輪になる。ラップの芯などを用意する。

②輪を椅子の背にかけて結び目をほどき、ロープを引き出すとからまりにくい。

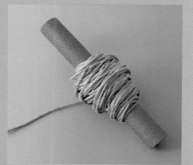

③ラップの芯にロープを巻き取る。

TERMINOLOGY

ロープの用語

本書で使用する、ロープや結び目の部位名称です。

①ループ：根元がロープの交差や結び目でとじた状態の輪をさします。

②ループの根元：ループのとじている側のこと。

③バイト：輪になっていない状態で、ロープを二つ折りして曲げた状態をさします。

④ノット：ロープを結んでできるコブのこと。「コブ」「結び目」と呼ぶ場合も。

⑤前のロープ：重なり部分で上になっている側のロープ。上下左右と区別して「前」としています。

⑥後ろのロープ：重なり部分で下になっている側のロープ。

⑦先端：結びに使用している、動かしている側の端のこと。単に「端」と呼ぶ場合も。

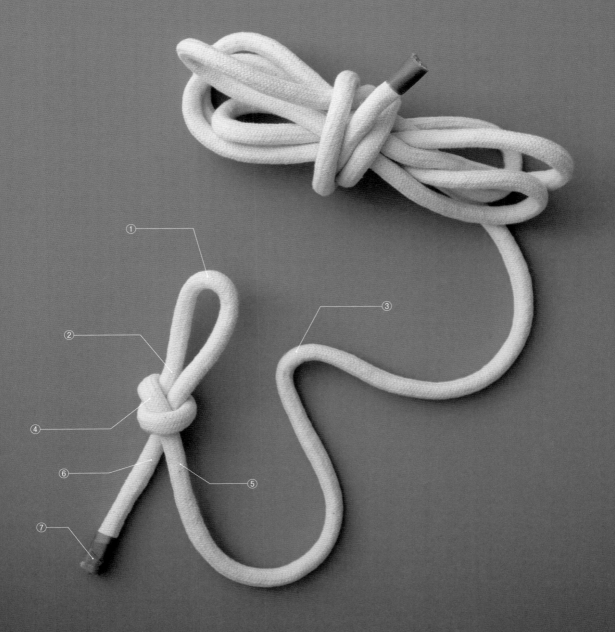

COLUMN

ロープの基礎知識

本書で使用しているロープには「撚りロープ」と「編みロープ」の2種類があります。「撚りロープ」とは、繊維(ファイバー)を撚って作ったコードをさらに撚り合わせて太いストランドにし、それを数本(3本が一般的)撚り合わせて作られたもの。しっかり撚られているので丈夫な一方、天然繊維100%で作られているものは、太くなると重くなります。撚りが引っかかりすべりにくい点では結びやすいのですが、撚りのせいで部分的にロープがからまりやすい特徴もあり、扱いには少々コツが必要です。撚りロープは左撚り(左下がりのねじれの形状から「Z撚り」とも)が一般的で、保管用に巻く際などは時計回りに巻いたほうがねじれが生じにくく、きれいに巻くことができます。

「編みロープ」はワタや軽いコードを芯にして、ストランドを編み組みして周囲をおおったものです。表面がなめらかで、ねじれが生じにくいため結びやすく、撚りロープよりはほどけやすい面もあるものの、初心者にも扱いやすいロープです。芯を化繊にすることで、強度を確保しつつ、天然繊維のみの場合よりも軽く作られているものがあるのも特徴のひとつ。

本書でご紹介している作品は、同じ太さのロープであれば撚りロープでも、編みロープでも作ることができます。同じものでも撚りが際立つ撚りロープで作ると無骨な雰囲気に、なめらかな編みロープで作ると洗練された雰囲気にと、イメージは思いのほか違ってきます。

そんなところに着目してロープを使い分けるのもロープノットの楽しみのひとつです。

編みロープ：芯の周囲に側を編み組みしたロープ。表面がなめらか。

撚りロープ：3本のストランドを撚り合わせたロープ。表面には撚りの凹凸がある。

Let's
Knotting!

ITEM **1**

Carrick Bend Mat のコースター

撚りが際立つコットンのロープで作る小さなマット。さくっと作れてすぐに使える、ロープノット入門編としてもおすすめのアイテムです。

HOW TO KNOT >> A : P.20 ／ B : P.22

A

B

ITEM 2

Carrick Bend Mat のポットマット

左からAキャリックベンドマット（3L8B）、Bスパ
イラルマット、Cキャリックベンドマット（4L5B）。
すべて1本のロープでできています。

HOW TO KNOT >> A : P.66 ／ B : P.68 ／ C : P.24

Carrick Bend Mat (3L4B) のコースター

キャリックベンドマットは筒型のタークスヘッドノット（Turk's Head Knot）を平らにしたもの全般を指し、多くのバリエーションが存在します。なかでも縁に山（＝B [bights]）が4つできる「3L4B」は定番で、日本では「あわじ結び」と呼ばれます。

材料：ビッグ未ザラシ #130　2.2m／手縫い糸　適宜

仕上がりサイズ：直径約 10cm

技法：Carrick Bend Mat (3L4B)［あわじ結び］

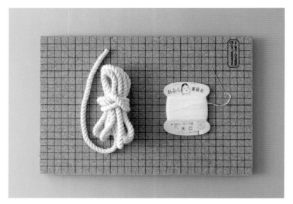

［準備するもの］材料とボード（使わなくてもよい）、縫い針

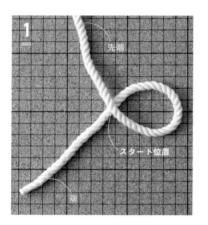

端を約10cm残し、直径5cm程度（完成サイズの約半分）のループを作る。交差部分は先端側を前にする。

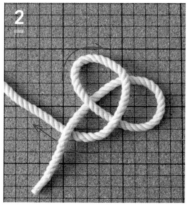

1と同様にもうひとつループを作って1のループに乗せ、続けて先端を残しておいた端のロープの後ろに通す。

ロープの先端を左上から交差するロープの前、後ろ、前、後ろと通す。

3つのループが交差した状態になるので、ループの大きさが同じくらいになるように整える。

先端をスタート位置に戻し2周めに入る。2周めは1周めのロープの左側（外側）に平らに並べ、交差するロープの前、後ろ、前、後ろと通す。

先端を右上に出して引き、下側のループ（これが1周めの4つめのループ）が**4**の3つのループと同じくらいの大きさになるように整える。

続けて1周めのロープの動きに合わせて2周めのロープを通していく。

2周めが終わったところ。

5〜7を繰り返して2周めのロープの左側（外側）に3周めのロープを通す。写真は3周めを通し終わったところ。

スタート位置から先端へ向けて、ロープを1本ずつ引っぱってゆるみを送り（→P.12）、全体の形を整える。

結び始めと結び終わりのロープの端を裏に出し、縫い止める始末（→P.13）をすればできあがり（接着剤で始末してもよい）。

Thump Mat のコースター

キャリックベンドマットのなかでも、縁の山（＝ B［bights］）が６つ、ロープが４重になる（＝ 4L［Leads］）ものは、サンプマットと呼ばれます。型紙を使い、外側から内側へと並べていくと形が作りやすいタイプのマットです。

材料：ビッグ未ザラシ #130　2m ／手縫い糸　適宜

仕上がりサイズ：直径約 10cm

技法：Thump Mat

＊カバー裏面に型紙があります → **ITEM 1-B**
※型紙は線上の○を下中央にして使用してください。

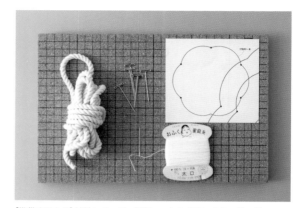

［準備するもの］材料とボード、型紙、マクラメピン６本、縫い針

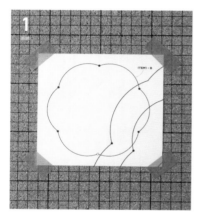

1 型紙を準備して、ボード上にマスキングテープなどで固定しておく。

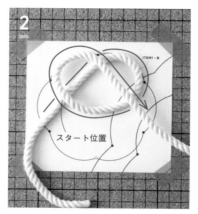

2 端を約 10cm 残して型紙上に写真のようにロープを配置する。ふたつのループは型紙上側のカーブに合わせる。

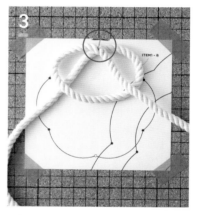

3 上側の交点を型紙中央上の●に合わせ、ピンで固定する。

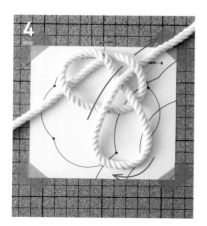

4 先端を折り返し、交差するロープの前、前、後ろと通す。ループを型紙右下のカーブに合わせる。

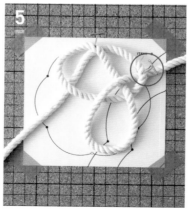

5 ○部分の交点を型紙右上の●に合わせ、ピンで固定する。

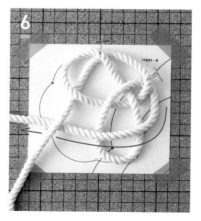

6 先端を折り返し、交差するロープの前、前と通し、端の後ろに通す。ループを型紙右側のカーブに合わせる。

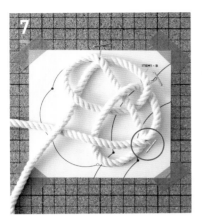

○部分の交点を型紙右下の●に合わせ、ピンで固定する。

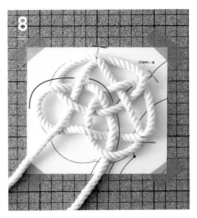

ロープを折り返し、写真のように交差するロープの前、後ろ、前、後ろ、前、後ろと通す。

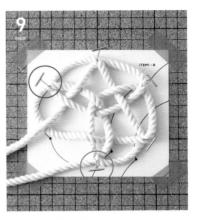

ループを型紙左側のカーブに合わせ、○を型紙左上の●、○を型紙中央下の○に合わせ、ピンで固定する。

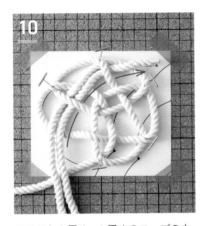

ここから2周め。1周めのロープの右側（内側）に沿わせて交差するロープの前、後ろ、前、後ろと通す。

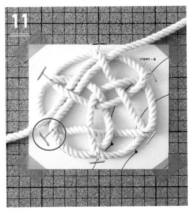

左下のループを型紙左下のカーブに合わせ、○部分の交点を型紙左下の●に合わせ、ピンで固定する。

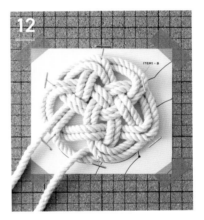

以後、1周めのロープの動きに合わせて2周めのロープを通す。写真は2周めを通し終わったところ。

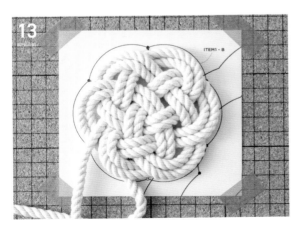

ピンをすべてはずし、ゆるみがあれば結び始めから結び終わりへ向けてロープを1本ずつ引っぱって引き締める（→P.12）。

結び始めと結び終わりのロープの端を裏に出し、縫い止める始末（→P.13）をすればできあがり（接着剤で始末してもよい）。

Carrick Bend Mat (4L5B) のポットマット

縁に山 (= B [bights]) が 5 つでき、ロープが 4 重 (= 4L [Leads]) になるキャリックベンドマットは、日本では「かごめ結び(十五角)」と呼ばれる定番技法のひとつ。ここではボードを使わず、サイズ確認時に便利な方眼用紙を使用して結ぶ方法を紹介します。

材料: リネンロープ 生成　7m ／接着剤　適宜

仕上がりサイズ: 直径約 18cm

技法: Carrick Bend Mat (4L5B) [かごめ結び(十五角)]

＊カバー裏面に方眼用紙があります

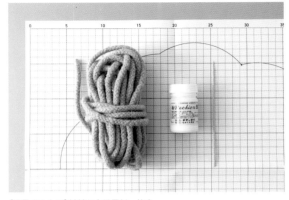

[準備するもの]材料と方眼用紙、竹串

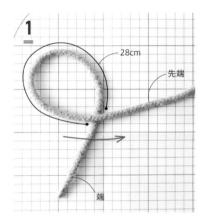

端を約 10cm 残し 28cm でループを作る(寸法は方眼を利用して測る)。交差部分は先端側を前にする。

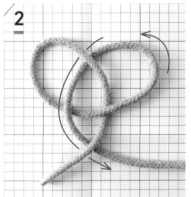

先端を折り返し、交差するロープの後ろ、前、後ろと通す。右側にできたループの大きさを 1 のループに合わせる。

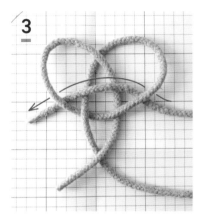

先端を折り返し、右から交差するロープの後ろ、前、前、後ろと通して左下に出す。

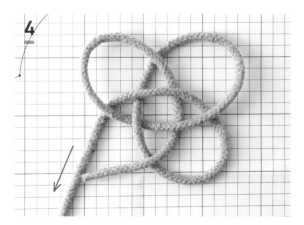

先端を引き、右下にできたループの大きさを 1 のループに合わせて整える。

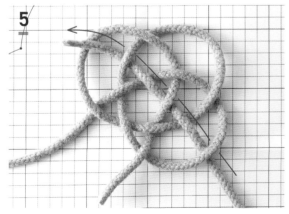

先端を折り返し、右下から交差するロープの後ろ、前、後ろ、前、後ろ、前と通して左上に出す。

6

先端を引き、下側にできたループの大きさを1のループに合わせて整える。

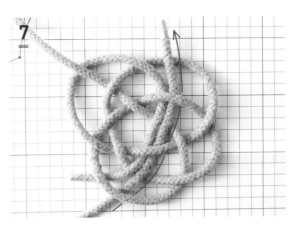

7

ここから2周め。1周めの右側(外側)に沿わせて交差するロープの後ろ、前、後ろ、前、後ろ、前と通して右上に出す。

8

先端を引き、左側にできるループ(これが1周めの5つめのループ)の大きさを1のループに合わせて整える。

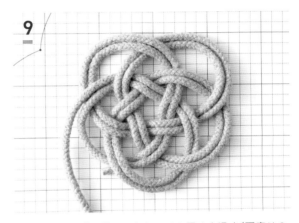

9

1周めのロープの動きに合わせて2周めを通す(写真は2周めを通し終わったところ)。さらに2周めのロープの右側(外側)に3周めと4周めのロープを通す。

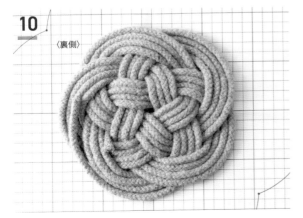

10 〈裏側〉

結び始めから結び終わりへ向けてロープを1本ずつ引っぱって引き締める(→P.12)。ロープの端を裏側に出し、余分な部分をカットする(写真は裏側でカットした状態)。

11

接着剤で始末(→P.13)すればできあがり(縫い止める始末をしてもよい)。

ITEM **3**

Portuguese Square Sennit のフロアマット

ベーシックな飾り結びを繰り返して広い面を作りま
す。ボコボコした結び目やリネンのさっぱりした質
感が素足にも心地よいマットです。

HOW TO KNOT >> P.70

ITEM 4

Kringle Mat をつないだラグ

直径 14cm から 40cm まで、4種のサイズのマット
をつないで大きなラグに。置くスペースに合わせて
フレキシブルに形を変えられるのもポイントです。

HOW TO KNOT >> P.72

ITEM 5

Clove Hitch のテーブルランナー

芯にする太いロープを細いロープで結び止めていく
だけ。技法も見た目もシンプルですが、渦を巻く芯
の有機的な動きが目を引く仕上がりです。

HOW TO KNOT >> P.74

ITEM 6

Square Mat のチェアマット

円形や楕円形だけでなく、四角いマットも作れます。
織機を使わずに、まるで織物のような面が作れるの
もロープノットの楽しいところ。

HOW TO KNOT >> P.30

Square Mat のチェアマット

スクエアマットは、ロープで織物をする要領で四角いマットを作る技法です。作りたい大きさのマットが収まるボードと方眼用紙を用意し、ピンを使って作業すると作業が格段に楽になります。

材料：コットンスペシャル ロープ 10mm ナチュラル（1081）33m〔リール巻 1 個分〕（ⓐ 7.5m、ⓑ 8m、ⓒ 8.5m、ⓓ 9m に切り分ける）／手縫い糸　適宜

仕上がりサイズ：縦約 38cm ×横約 38cm

技法：Square Mat

＊カバー裏面に方眼用紙があります

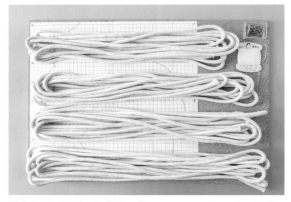

［準備するもの］材料と方眼用紙、ボード、マクラメピン 24 本、縫い針

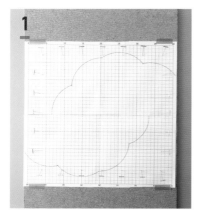

方眼用紙をボード上にテープで固定し、33cm 四方の四隅、各辺の 5.5cm おきにピンを刺しておく。

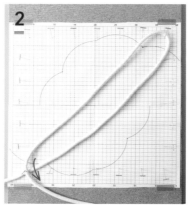

ロープⓐの端から約 10cm の位置を左下角に合わせ、右上角のピンにかけて戻し、左下角のピンで交点をとめる（先端を上にする）。

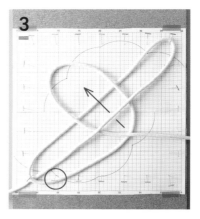

○のピンにロープをかけてから先端側を前にしたループを作り、**2** のループに後ろ、前と通す。

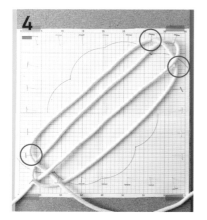

通したループを広げ、3 か所の○のピンにロープをかけ、四角く整える。

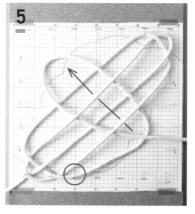

○のピンにロープをかけてから先端側を前にしたループを作り、後ろ、前、後ろ、前と通す。

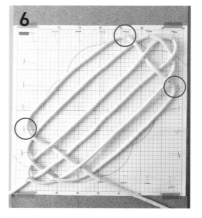

通したループを広げ、3 か所の○のピンにロープをかけ、四角く整える。

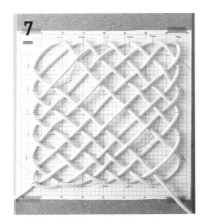

7

5〜6と同様にさらに3回ループを
作る（ロープをかけるピンの位置はず
らしていく）と、写真の状態になる。

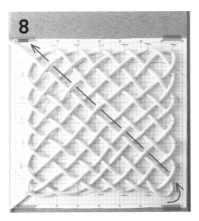

8

先端を折り返し、右下角のピンにかけ
てから後ろ、前、後ろ、前と繰り返し
て通し、左上に出す。これで@は終了。

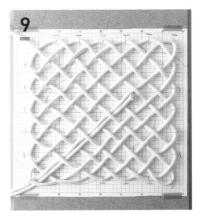

9

ロープ⑥（2本め）を@の右側（外側）に
沿わせ、@の端から先端への動きに合
わせて通していく。

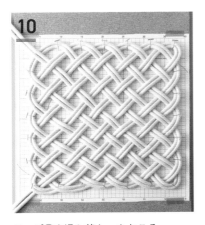

10

ロープ⑥を通し終わったところ。

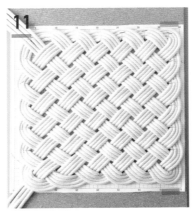

11

9〜10と同様にしてロープ©（3本
め）、ロープ⑪（4本め）を通す。

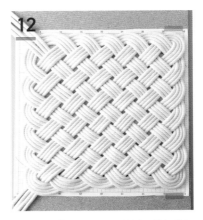

12

ピンをはずし、ゆるみがあれば結び始
めから結び終わり側へと引き締めて
（→ P.12）、全体の形を整える。

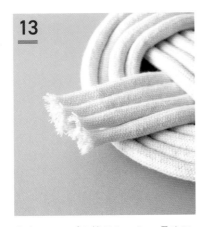

13

左上のロープの端は2〜3cm長めに
カットし、長めにした部分の芯を抜く
（→ P.14）。

14

芯を抜いた部分を内側へ折り返し、端
をベースに縫い止める。

15

左下のロープの端は裏側で**13**〜**14**
と同様に始末して、できあがり。

ITEM 7

Turk's Head Knot (3L5B) のキャンドルホルダー

持ちやすくしたり、熱から手を守ったりという実用
性もあるカバー。右の〈大〉は 10mm、左の〈小〉は
4mm のロープで結んでいます。

HOW TO KNOT >> P76

ITEM **8**

Turk's Head Knot のポットカバー

お気に入りの植物をインテリアに取り入れるなら、
鉢にもこだわりたいもの。無機質な鉢にはひと手間
加えて、ワイルド＆ナチュラルなテイストに。

HOW TO KNOT >> P.78

ITEM 9

Half Hitch Spiral のケーブルカバー

つまらない雰囲気が残念なケーブルは、飾り結びで
カバーリングしてデコラティブに仕上げて、あえて
垂らしておきたいインテリアのポイントに。

HOW TO KNOT >> P.80

ITEM **10**

Over Hand Knot の浮き玉カバー

部屋にひとつあるだけで、海を感じる浮き玉。
カバーをつけると、グッとリアルに、かつ転
がりや割れの防止にもなります。

HOW TO KNOT >> P.36

Over Hand Knot の浮き玉カバー

違うサイズの浮き玉でも、同様の手順で結べます。

※ P.35 写真左下の大きな浮き玉は、直径約 30cm の浮き玉をリネンロープでカバーした参考作品です。

材料:ジュートコード・細 生成（381）　8m（ⓐ本体用 7.5m、ⓑ下げひも 0.5m）／浮き玉　直径約 9cm　1 個

仕上がりサイズ:直径約 10cm

技法: Cow Hitch［タッチング結び］→P.55 ／ Over Hand Knot［ひと結び］→P.52 ／ Common Whipping［まとめ結び］→P.65

［準備するもの］材料と段ボールで作った高さ 2.5cm、4cm のゲージ

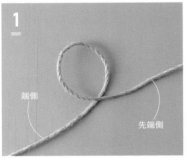

1 ⓐの端から約 1m の位置で先端側を前にして直径 5cm 程度のループを作る。

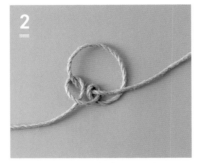

2 端側でタッチング結びを 1 回結ぶ。

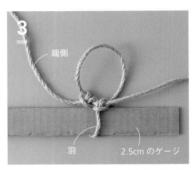

3 2.5cm のゲージをあてて羽を作りながら、端側で 2 回めのタッチング結びを結ぶ。

4 3 をさらに 6 回繰り返して 1 で作ったループを 1 周する。

5 先端側を引いて中心の穴を引き締める。

6 全体を左右にひっくり返す。ここから 2 段めに入る。

7 先端側の根元を右の羽に後ろから入れ、左に倒してループを作る。

8 できたループの後ろから先端を通し、引き出す。

9 先端を引き、ループを引き締めると左側に羽ができる。1 回めの羽は小さく。

7〜9を繰り返す。8は写真のように
根元からループに通すと効率がいい。

2回めからは羽になる部分に4cmの
ゲージをあてて引き締める。

4cmのゲージ

10〜11を5回繰り返して2段めが
できた。3段めの1回めを結ぶ。

3段めの
1回め

1回めの羽は小さく

7〜12を繰り返す。写真は4段めの
1回めを結んだところ。

4段めの
1回め

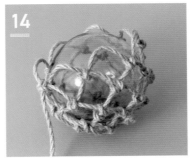

浮き玉の高さの4分の3程度になる
まで7〜12を繰り返す(写真は5段)。

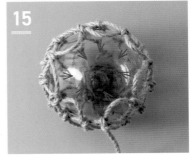

最終段の羽を浮き玉の上中心に向けて
ぎゅっと引き寄せる。

先端を向かい側の羽に後ろから前へと
通し、中心部分に◎をのせる。

ⓑ

ⓑの前から先端を対角線上の羽に後ろ
から前へと通して引き絞る。

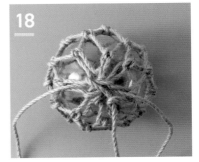

羽をずらしながら16〜17を繰り返
し、すべての羽にロープを通し絞る。

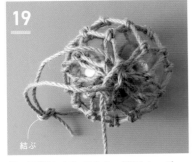

ⓑの両端を束ねて2本一緒にオーバー
ハンドノットで結ぶ。

結ぶ

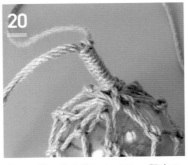

残ったⓐでⓑを芯にして5cm程度の
コモンホイッピングを結ぶ。

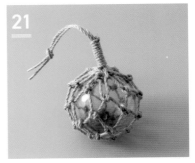

余分なロープをカットすればできあが
り。

ITEM 11

Monkey's Fist のドアストッパー

カプセルトイのケースに重りを詰めてモンキーズ
フィストを結んだドアストッパー。なんだか愛嬌の
あるフォルム。オブジェとしても楽しめます。

HOW TO KNOT >> P.81

ITEM **12**

Monkey's Fist のカーテンタッセル

長いロープの両端にモンキーズフィスト
を結んで、窓辺のアクセントに。こちら
の芯は、アルミホイルを丸めた玉です。

HOW TO KNOT >> P.82

39

ITEM **13**

Turk's Head Knot (4L5B) のバスケット

撚りのある極太ロープで作るバスケットは、
無骨な佇まいで存在感たっぷり。インテリア
がぐっと男前な雰囲気に。

HOW TO KNOT >> P.83

ITEM **14**

Clove Hitch のバスケット

P.28 のテーブルランナーと同じ技法で作るシ
ンプルなバスケット。土台にする型に合わせて
結ぶので、サイズのアレンジも可能です。

HOW TO KNOT >> P.84

ITEM 15

Rope Ladder Knot のラダーラック

縄ばしごの構造を活かしたラックです。ベルトやア
クセサリーをひっかけておいたり、花やオブジェを
ディスプレイしたり。使い方はアイデアしだい。

HOW TO KNOT >> P.86

ITEM **16**

Pipa Knot のタペストリー

アクセサリー作りに使われることの多い飾り結びを
太いロープで結んでタペストリーに。簡単にほどけ
るので、いざというときにはすぐロープに戻せます。

HOW TO KNOT >> P.87

43

ITEM **17**

Over Hnd Knot のネットラック

漁網風のラック。ネット部分には何かを引っ
かけたり、飾ったり。ポケット部分はクッショ
ンやブランケットの収納に使えます。

HOW TO KNOT >> P.88

44

ITEM **18**

Zipper Sennit のロープ

太いロープをさらに太いロープに！ 結び目にフックを引っかければすべらないので、よく使うツールの収納にも便利です。

HOW TO KNOT >> P.94

ITEM 19

Clove Hitch のタペストリー

芯の間隔を詰めたり広げたりのアレンジが自在にで
きる Clove Hitch の特徴を活かしたタペストリーで
す。芯にはあまったロープを活用しても。

HOW TO KNOT >> P.90

ITEM **20**

Carrick Bend Mat (3L8B) の壁掛けミラー

P.19のポットマットAと同じ結びですが、周囲の
山を浮かせるとぐっとデコラティブに。中央に鏡を
入れて"使えるオブジェ"に仕上げました。

HOW TO KNOT >> P.92

「ノットボード」作りのすすめ

ノットボードとは、ロープワークの基本的な結びを並べたサンプル集で、額装したものが壁面を彩る立体的なディスプレイとして楽しまれています。このノットボード、本来はそれぞれの結びを接着剤などで板に固定して作るのが一般的なのですが、もう少し手軽に作れたら……と、考えたのが左ページ写真のノットボードです。

このノットボード、本書に登場する結びから17種類をコットンスペシャル ロープ 10mmで結び、裏面にボタン型の強力磁石を接着剤でつけて黒板にくっつけています。縁取りのロープも、四隅と直線部分の数か所の裏面に磁石をつけてくっつけただけ。磁石で固定しているので、レイアウトの変更も簡単です。また、黒板からはずした結びを単体で冷蔵庫などにくっつけて楽しむこともできます。

結びの練習にもなり、はんぱに残ったロープの活用法としてもおすすめです。

用意するもの（［　］は写真作品に使用したもの）

□黒板［A2サイズ］　1枚
□ボタン型強力マグネット［直径5mm］　結びの数＋縁取りロープ用（四隅に各1個、直線部分は長さに応じて2〜4個程度）
□ネームプレート［60×17mm］　結びの種類分
□片面粘着マグネットテープ［幅1cm］　ネームプレートの幅×結びの種類分
□結び・縁取り用ロープ［コットンスペシャル ロープ 10mm ナチュラル（1081）］　適宜
□ホイッピング用コード［ヘンプトゥワイン 細タイプ 藍・中（347）］　適宜
□ネームラベル［P.94にコピー用ラベルがあります］　結びの種類分
□接着剤　適宜

作り方

①配置したい結びを適宜ロープで作る。ロープの端はホイッピング用コードでコモンホイッピングを結んでほつれ止めをする。
②結びの裏面に接着剤でマグネットをつける。裏面上側の一番出っぱっているところにつけるのがコツ。
③縁取りはロープを仮置きして長さを決めてカットし、端を絡めてコモンホイッピングでまとめて輪にする。裏面に接着剤でマグネットをつける。
④ネームプレートに合わせてマグネットテープをカット。ネームラベルをネームプレートに入れ、裏にマグネットテープの粘着面を貼る。
⑤結びとネームプレート、縁取りを黒板につければできあがり。

◎左ページのノットボードの構成

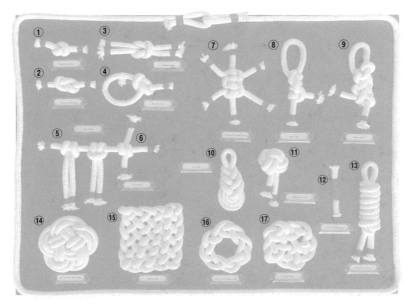

①オーバーハンドノット［P.52］
②フィギュアオブエイトノット［P.52］
③スクエアノット［P.59］
④ボーラインノット［P.52］
⑤カウヒッチ（左：B／右：A）［P.55］
⑥クローブヒッチ［P.56］
⑦ポルチュギーススクエアセンニット［P.58］
⑧ハーフヒッチスパイラル［P.54］
⑨ジッパーセンニット［P.60］
⑩ピパノット［P.61］
⑪モンキーズフィスト（2回巻き）［P.62］
⑫コモンホイッピング［P.65］
⑬ロープラダーノット［P.65］
⑭キャリックベンドマット（3L5B）［P.77］
⑮スクエアマット［P.30］
⑯キャリックベンドマット（3L8B）［P.67］
⑰クリングルマット［P.73］

BASIC TECHNIQUES
ロープノットの基本技法

本書の作品作りに使用する、基本的な結びの技法をご紹介します。
覚えておくと日常生活の中で使える結びも多いので、
まずはいろいろ試して手順や結び目の形を確認してみましょう。

Knot

結 ぶ

ノットは、ロープを結んでコブ（結び目）を作る方法です。ロープに
コブを作ると、ロープを握るときの手がかりになったり、穴に通し
たロープの抜け止めになったりといった役割を果たします。素朴な
分、さまざまな場面で活躍するベーシックなテクニックです。

Over Hand Knot
オーバーハンドノット

ひもをからげて結び目を作る、基本的な結び方のひとつ。「止め結び」（ロープワーク）、「ひと結び」（マクラメ）などとも呼ばれます。

1

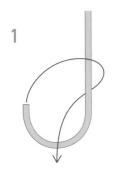

ロープの先端を根元側に矢印のようにからげ、できたループに通す。

2

ロープの先端を引いてループを引き締める。

3

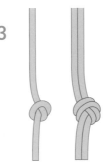

完成。ロープの本数が増えても同様に結ぶ。

> **BITS OF KNOWLEDGE**
> ロープノットの豆知識
>
> ロープの端を握りやすくするためのコブを作ったり、ほどけないように止めたりと用途の多いオーバーハンドノット。英語名の"オーバー"は、ロープの先端をからげるときに根元側の前（オーバー）を通すことに由来します。

Figure of Eight Knot
フィギュアオブエイトノット

オーバーハンドノットよりも大きなコブができる結び。和名は「8の字結び」。手早く結べてほどきやすいのが特徴です。装飾的にも使われます。

1

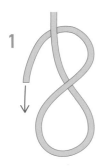

ロープの先端を根元側に図のようにからげる。

2

8の字の下側のループにロープの先端を前から後ろへと通す。

3

ロープの先端と根元側をそれぞれ反対方向へ引いて結び目を引き締める。

> **BITS OF KNOWLEDGE**
> ロープノットの豆知識
>
> フィギュアオブエイトノットは、アウトドアではおもにテントやタープを張るとき、穴に通したロープのストッパーとして使われます。便利な結びとして用途は広く、テニスラケットのガットを張る際にも使われています。

Bowline Knot
ボーラインノット

和名は「もやい結び」。結ぶのは簡単で、引っぱっても輪が伸縮したりほどけたりせず、結び目をほどくのは簡単。「結びの王様（King of knots）」とも呼ばれる、ループを作る結びの代表格です。

1

ロープの先端側を前にしたループを作り、そのループに先端を後ろから前へ通す。

2

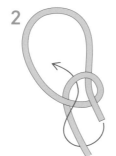

作りたいサイズのループを作り、先端を矢印のように最初のループに再度通す。

3

ロープの先端と根元側を引いて結び目を引き締める。

ほどくときは、根元側から矢印のように押し出すと結び目が簡単にほどける。

Hitch

結びつける

ヒッチは、棒や芯など、別の何かにロープを結びつける技法です。
ご紹介する3種のなかには、単独なら名前を知らずとも普段から
使っている技法もあるかもしれません。ここでは単独の結び方に加
え、繰り返して装飾的な結びにする方法もあわせてご紹介します。

Half Hitch
ハーフヒッチ

1回ではほどけやすい仮止め的な結びですが、ヒッチの基本です。ここでは芯側と結ぶ側を別のロープとしていますが、1本のロープを何かに掛けて、先端側で結ぶ使い方もポピュラーです。

◎左バージョン　結び記号

1

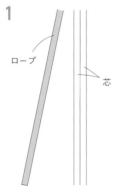

ロープを芯の左側に置く。

2

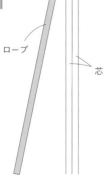

ロープを芯に前から後ろへと巻き、先端を根元の前に通す。

3

先端を引き締めると、左バージョンのハーフヒッチが1回結べる。芯とロープがつながっていると「ひと結び」になる。

4

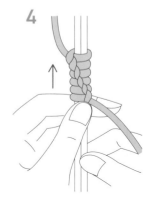

ときどき結び目を押し上げながら2〜3を繰り返すと、右下がりの「ハーフヒッチスパイラル（左輪結び）」になる。

◎右バージョン　結び記号

1

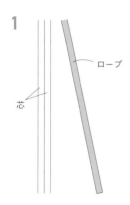

ロープを芯の右側に置く。

2

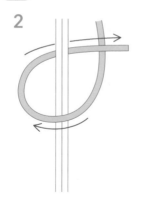

ロープを芯に前から後ろへと巻き、先端を根元の前に通す。

3

先端を引き締めると、右バージョンのハーフヒッチが1回結べる。

4

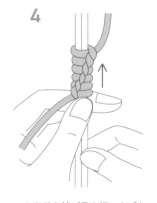

ときどき結び目を押し上げながら2〜3を繰り返すと、左下がりの「ハーフヒッチスパイラル（右輪結び）」になる。

BITS OF KNOWLEDGE
ロープノットの豆知識——結び記号と結び図

ベーシックテクニックの各技法の見出しに、「結び記号」が表示されていることにお気づきでしょうか？　結び記号はマクラメの作り方解説で用いられている、結び技法を記号化したものです。主要な技法に記号を割り当て、この記号を組み合わせて図面化することで、作品の設計図ともいえる「結び図」が作られます。

つまり、結び図を見れば、結び記号をたよりにどこで、どんな結びをするのかが一目瞭然になるというわけです。
その利点を活かして、本書でもロープワークの技法をベースにしつつ、マクラメにも共通する技法では結び記号をあわせて紹介し、作り方ページでも結び図を用いて説明しています。

結び図例

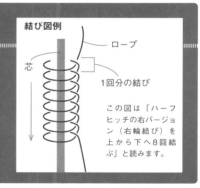

この図は「ハーフヒッチの右バージョン（右輪結び）を上から下へ8回結ぶ」と読めます。

Cow Hitch
カウヒッチ

牛の鼻輪にロープを結ぶ際に使われたことに由来するとされる、基本的なヒッチのひとつ。「ひばり結び」とも。マクラメではスタート時のひもの取りつけ方法として用いられています。

◎ A：一般的な方法　結び記号

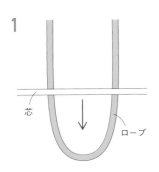

1 ロープを二つ折りし、バイトを芯の後ろに上から入れる（芯の後ろに上から下へと差し込む）。

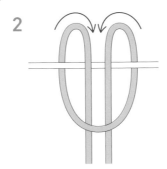

2 芯とバイトの間に、ロープの先端2本を前から後ろに引き出す。

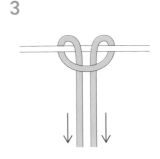

3 引き出したロープ2本をしっかりと1本ずつ引き締める。

◎ B：表裏逆に結ぶ方法　結び記号

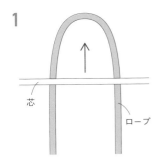

1 ロープを二つ折りし、バイトを芯の後ろに下から入れる（芯の後ろに下から上へと差し込む）。

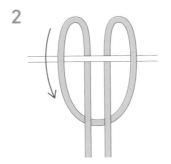

2 バイトを芯の前に倒し、ロープの先端2本をバイトの前に引き出す。

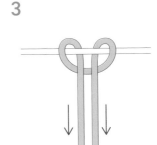

3 引き出したロープ2本をしっかりと1本ずつ引き締める。

◎ C：二つ折りにしない方法　結び記号

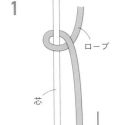

1 ハーフヒッチの右バージョン（→左ページ）を1回結ぶ。

2 2回めはロープを芯の後ろから前へと出し、先端をバイトの後ろに出す。

3 ロープの先端側を引いて結び目を引き締めると、カウヒッチのできあがり。

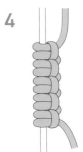

4 1〜3を繰り返すと、飾り結びの「タッチング結び」になる。

Clove Hitch
クローブヒッチ

「巻結び」「徳利結び」(徳利を吊るすのに使われたことから)など別名の多いヒッチ。ここではマクラメの飾り結びとして行う方法を紹介します。

◎ A：左から右へ結ぶ

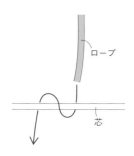

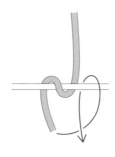

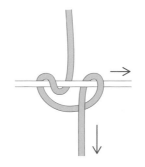

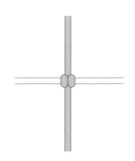

ロープの先端を芯の後ろに上から差し込み、左方向へと矢印のように1回巻く。

ロープの先端を根元の右側で芯の前に出し、芯に巻きつけ、できたバイトから引き出す。

ロープの先端を引いて結び目を引き締める。芯がロープの場合はピンと張った状態にして引き締めるのがコツ。

ふたつの結び目が同じ大きさになるよう整えたらできあがり。

◎ B：右から左へ結ぶ

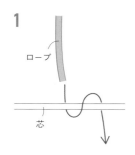

1

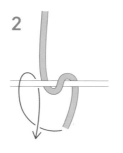

2

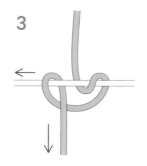

3

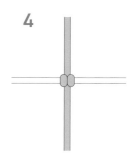

4

ロープの先端を芯の後ろに上から差し込み、右方向へと矢印のように1回巻く。

ロープの先端を根元の左側で芯の前に出し、芯に巻きつけ、できたバイトから引き出す。

ロープの先端を引いて結び目を引き締める。芯がロープの場合はピンと張った状態にして引き締めるのがコツ。

ふたつの結び目が同じ大きさになるように整えたらできあがり。

◎面を作る

結び図

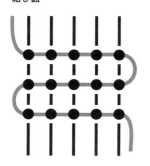

1

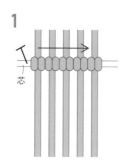

2

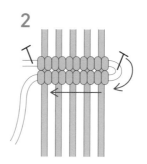

3

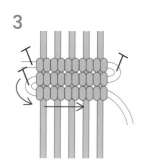

上の図のように、芯のロープと結び用のロープを使用して面を作ることができます。

スタート位置で芯にピンを刺して固定し、「左から右へ」のクローブヒッチを1段結ぶ。

芯を折り返してピンで固定し、2段めは「右から左へ」のクローブヒッチを結ぶ。

以下、奇数段は1、偶数段は2と交互に繰り返して面を作っていく。

Decorative Knot

飾 り 結 び

実用的なロープワーク発祥で装飾性が高められた結びや、マクラメ
やアジアの飾り結びの世界で培われた結びには、デザイン性の高い、
独特な造形をもつものも数多くあります。そのなかでも、本書では
とくにベーシックで汎用性の高い技法を使用しています。

Portuguese Square Sennit
ポルチギーススクエアセンニット

日本では「平結び」と呼ばれるベルト状の細長い面ができる結び。完成した「左上」と「右上」の見た目はほぼ同じですが、同じ方向で続けないとねじれたり、コブの配列がずれたりするので要注意。

◎左上バージョン（左上平結び）　結び記号

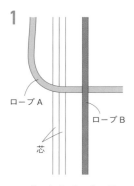

1
ロープAを曲げて芯の前に置き、ロープBをAの前に置いて4の字を作る。

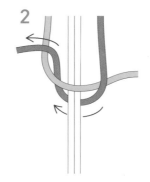

2
Bを芯の後ろに通し、左側のバイトから引き出し、Aの前に出す。

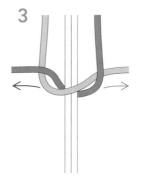

3
A、Bを左右に引く。ここまでで0.5回結んだことになる。

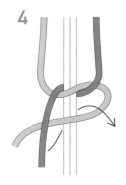

4
左右を逆にして1〜2を繰り返す。

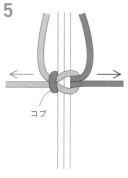

5
A、Bを左右に引いて結び目を引き締める。これで1回。コブが左側にできる。

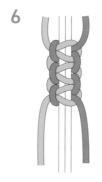

6
1〜5を繰り返す。

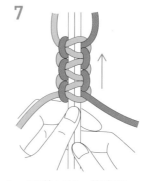

7
3〜4回結んだら、結び目を押し上げて整える。

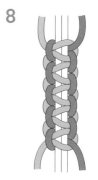

8
続けていくと細長い面になる。A、Bを別の色にするとコブはすべてBの色になる。

◎右上バージョン（右上平結び）　結び記号

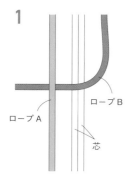

1
ロープBを曲げて芯の前に置き、ロープAをBの前に置いて逆4の字を作る。

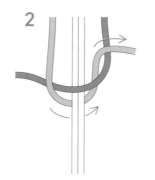

2
Aを芯の後ろに通し、右側のバイトから引き出してBの前に出し、A、Bを左右に引く。

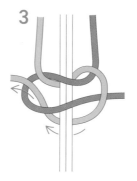

3
左右を逆にして1〜2を繰り返す。

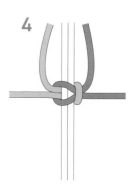

4
これで1回。コブが右側にできる。A、Bを別の色にするとコブはAの色になる。

COLUMN

Portuguese Square Sennit と Square Knot

Portuguese Square Sennit の「Sennit」は船の上で雑用に使われる組み縄のことで、もともとは使わなくなったロープをリサイクルし、編み直して作られるものでした。三つ編みなどもその仲間。生み出されたさまざまな技法は装飾用として広まり、なかでも Protuguese Square Sennit（平結び）はマクラメの世界では基本技法のひとつになっています。

また、「Square」は「Square Knot（Reef Knot、Reef Bend とも）」からきています。Square Knot は日本では「本結び」と呼ばれる、2 本のロープを結び合わせる基本的な技法です。名前は知らずとも、日常的に使っている方も多いかもしれません。簡単に結ぶことができて、引っぱりに強く、それでいて簡単にほどく方法もある便利な結びで、ほどき方も含めて覚えておくと日常生活のいろいろな場面で活用できます（ただし太いロープや、異なる太さのロープではほどけやすいので注意）。

ちなみに Portuguese Square Sennit は、0.5 回分だけをくり返すと、「Square Knot & Half Hitch Sennit（ねじり結び）」と呼ばれる、また別の飾り結びになります。

◎ Square Knot（本結び）　結び記号　

1
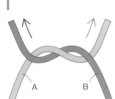
B を前にして A と交差させ、どちらかの先端をもう片方にひと巻きする。

2

B を前にして A と交差させ、どちらかの先端をもう片方にひと巻きする。

3

A、B の端をしっかり引いて結び目を引き締める。

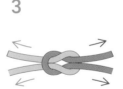
片方を図のようにまっすぐ伸ばすと、結び目がゆるんですぐにほどける。

◎ Square Knot & Half Hitch Sennit（ねじり結び）　結び記号　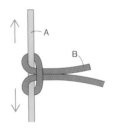

4

ポルチュギーススクエアセンニットの左上バージョンの 3 から続けて、もう一度 1 の配置を作る。

5
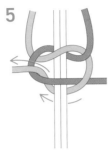
ポルチュギーススクエアセンニットの左上バージョンの 2〜3 と同様に結ぶ。

6
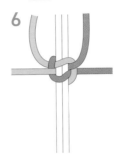
A、B を引いて結び目を引き締める。これでスクエアノット＆ハーフヒッチセンニット 1 回。

7
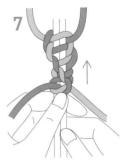
コブが半周したら左右のロープを入れ替え、全体を押し上げて詰める。

Zipper Sennit
ジッパーセンニット

最後に通したロープの端をほどけば、あとは2本のロープの端を引くだけで"ジッパー"をあけるようにするするほどける結び。ゴツゴツした独特な形状を活かし、飾り結びに用いられます。

1

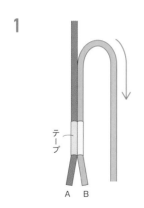

結び始めは2本のロープ(または二つ折りしたロープ)をテープなどで固定しておき、Bを折り返してバイトを作る。

2

Bのバイトの根元にAを前から後ろへと巻きつける。

3

Aを折り返して上向きのバイトを作る。

4

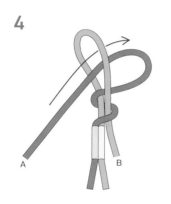

BのバイトにAのバイトを図のように通す。

5

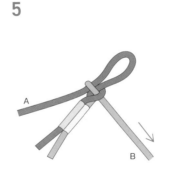

Bの先端を下方向へしっかり引き、Bのバイトを引き締める。

6

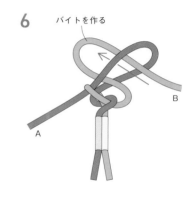

Bで上向きのバイトを作り、Aのバイトに図のように通す。

7

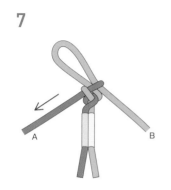

Aの先端を下方向へ引き、Aのバイトをしっかり引き締める。

8

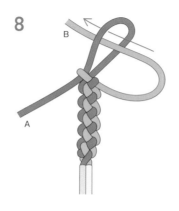

3〜7を繰り返して必要な長さになるまで結んだら、最後のバイトにもう1本のロープの先端を図のように通す。

9

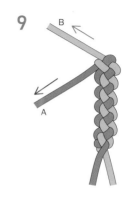

2本のロープの先端をしっかり引き締めて、形を整える。最後に1でつけたテープをはずす。

Pipa Knot
ピパノット

アジアの飾り結びに由来する結びで、Pipa は中国の楽器・琵琶のこと。日本では「みょうが結び」と呼ばれ、アクセサリー作りなどに広く用いられています。巻く回数で大きさが変わります。

1
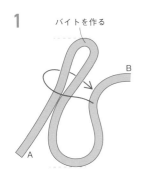

ロープの端(A)にバイトを作る。完成サイズの高さに合わせてもう一度折り返し、B側を矢印のようにバイトの根元に巻く。下にできるループが一番外側になる。

2

Bを矢印のように動かして2周めを巻く。1のループの内側にぴったり沿わせるのがポイント。

3

Bを矢印のように動かして、2と同様に2周めのさらに内側に3周めを巻く。

4

指定の回数(または中心の穴がほぼなくなるまで)巻いたら、Bの端を中心の穴に矢印のように通す。

5

ロープが重ならず、きれいに並ぶように全体を整える。

6

表から見えないようにロープの端を切り、接着剤で固定する(または縫い止める)。

7

3回巻きのピパノットのできあがり。

BITS OF KNOWLEDGE
ロープノットの豆知識──ロープの収納に使える「えび結び」

飾り結びの「Pipa Knot」によく似たロープワークの技法として、「えび結び」があります。これはロープをコンパクトに収納する方法のひとつで、名前は完成時の形から。
長期間保管していてもロープにくせがつきにくく、端を引き出すとするするとほどけるのが特徴です。
Pipa Knotとの違いは、最初にロープを二つ折りすることと、最初に作った下側のループにロープの端を通し、そのループを引き締めて端を固定すること。長めに余ったロープの保管の際などに、ぜひお試しを。

①

ロープを二つ折りし、2本で図のように巻く。

②

ピパノットの2~3と同じ要領でロープを巻く。

③

最後は❶のように通し、❷を引いてAを引き締める。

④

できあがり。ほどくときは2本の端を引き出す。

Monkey's Fist
モンキーズフィスト

ロープの先端を重くして遠くへ投げやすくするために考案された結びで、「猿のこぶし結び」「モンキーノット」とも。現在の用途はおもに装飾用です。

結び記号

1

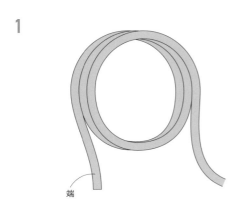

端

土台より大きめにロープを3巻きする（3回巻きの場合。何回巻きかに合わせて巻く回数を変える）。ロープの端は15cmくらい残しておく。

2

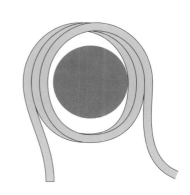

輪の中に土台の玉を入れる。この段階ではロープでゆるめに土台を包んでいれば大丈夫。ただし、玉が抜けないように手で押さえておく。

3

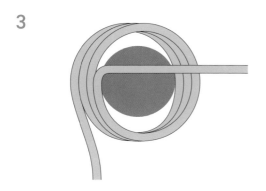

ロープを土台の手前まで巻き、右に90度倒して方向を変える。

4

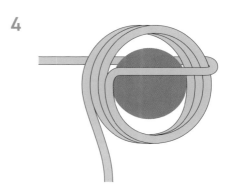

続けて図のように横方向に巻く。

5

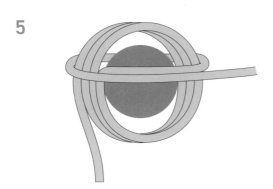

1周したところ。続けて下方向へと巻いていく。このときは土台に合わせてゆるみなく巻く。

6

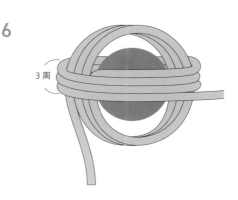

3周

3周する（何回巻きかに合わせて、その回数分だけ巻く）。

7

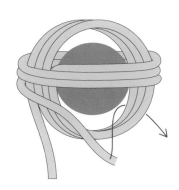

ロープを土台の下側と縦巻きのロープの隙間から後ろへ出す。

8

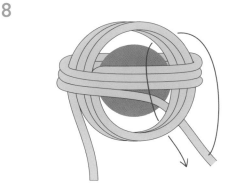

後ろでロープを折り返し、今度は縦巻きのロープと土台の上側の隙間に通して前に戻し、また下側の隙間に通す(横巻きのロープの上に巻く)。

9

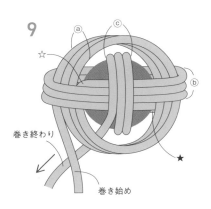

ⓐ ⓒ
☆
巻き終わり
ⓑ
★
巻き始め

ロープを3回ゆるみなく巻き(何回巻きかに合わせてその回数分だけ巻く)、最後は結び始めのロープと同じ位置に先端を出して終わる。[引き締め方]の手順でゆるみを引き締める。

[引き締め方]
①ⓐの部分を巻き始めから巻いた順に1本ずつ送り、土台に合わせて引き締める。
②☆の角のロープをいったん引き出し、ⓑの部分を巻いた順に引き締める。
③★の角のロープをいったん引き出し、ⓒの部分を巻いた順に引き締め、巻き終わり側へゆるみを送る。
※巻き始め側の端は長さが変わらないよう押さえて引き締める。
※☆★は隠れてしまっていることもあるので、目打ちやペンチを使って引き出す。

10

根元で切る

余ったロープの端が不要な場合は、根元でカットすればできあがり。

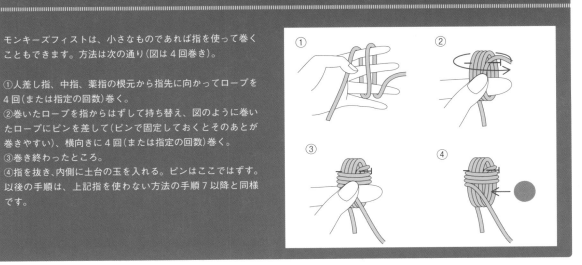

Whipping

まとめる結び

ホイッピングは、長いロープを保管用に縮めてまとめたり、ロープの端がほつれないように止めておいたりする技法です。実用的な目的だけでなく、ぐるぐる巻いたロープや糸を装飾として活かす場合も。覚えておくと何かと便利な技法です。

Common Whipping
コモンホイッピング

Common（一般の）という名前の通り、端を止めたり、バラバラのロープ
をまとめたりする際の定番技法です。「まとめ結び」とも。

結び記号

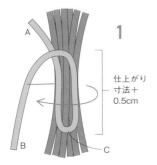

仕上がり
寸法＋
0.5cm

仕上がり寸法より長めに端を
残して二つ折りし、矢印のよ
うに芯に沿わせて上から下へ
と隙間なく巻きつける。

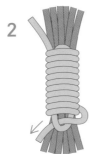

最初に作ったバイト（C）にB
の先端を通す。

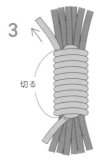

切る

Aを上方向へ引いてCとB
を巻いた部分の下へ引き込ん
で固定する。余分な部分はギ
リギリでカットする。

BITS OF KNOWLEDGE
ロープノットの豆知識

ロープの端のほつれ止めに
コモンホイッピングを使う
場合、巻いた部分が芯から
抜けてしまわないよう、
ロープの端にはその直径程
度の長さを残しておきま
す。ほつれ止めにする場合、
ホイッピングには芯のロー
プより細いロープや糸を使
用するのが一般的です。

Rope Ladder Knot
ロープラダーノット

ロープラダーは縄ばしごのこと。日本では「棒結び」と呼ばれるようにロープをコンパクトな棒状
にまとめる技法ですが、連続して結ぶと縄ばしごにもなります（→ P.42 ITEM 15）。

（→ P.42 ITEM 15）

ロープをまとめたい長さに2回折り返
し、上側のバイトを少し残して残った部
分を図のように巻きつける。

続けてぐるぐると巻いていく。

巻きつけるロープが重なったり、隙間が
できたりしないように巻くのがコツ。

下側のバイトが少し残るくらいまで巻い
たら、巻いてきたロープの端をバイトに
通す。

上側のバイトを引っぱると、下側のバイト
が締まり、ロープの端が固定される。

BITS OF KNOWLEDGE
ロープノットの豆知識

左の図では芯のロープを2回折
り返しただけですが、より長い
ロープでも、折り曲げ回数を増や
すことで同じようにまとめるこ
とができます。
この方法でまとめておくと、イン
ドアでは上部のループを壁のフッ
クに掛けておいたり、アウトドア
ではリュックに引っ掛けて持ち運
べたりと、何かと便利。使いたい
ときにさっとほどいて使えるのも
ポイントです。

Carrick Bend Mat (3L8B) のポットマット

3L8B のキャリックベンドマットは、日本では「相生結び」と呼ばれる飾り結びの技法です。いわゆる「三つ編み」がぐるりと一周してつながっているような形が特徴。中心に穴を残して成形することで、編み目を強調したデザインに。

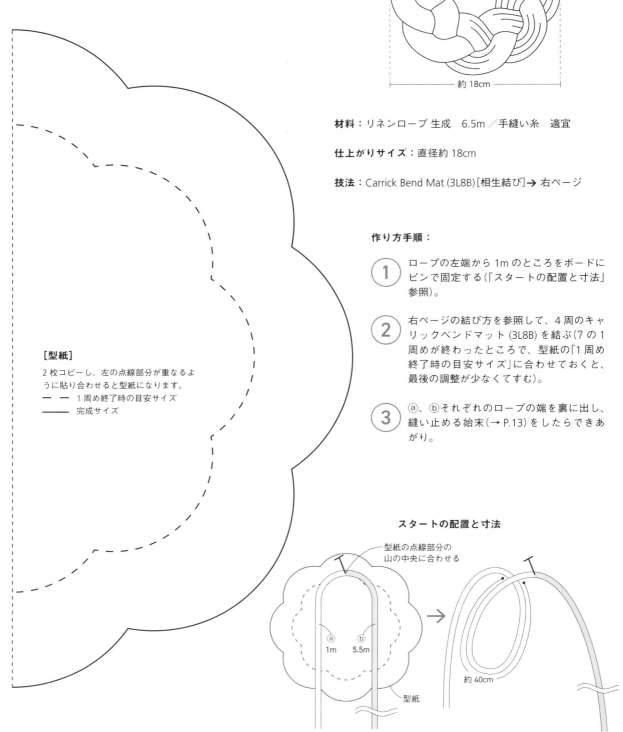

約 18cm

材料：リネンロープ 生成　6.5m ／手縫い糸　適宜

仕上がりサイズ：直径約 18cm

技法：Carrick Bend Mat (3L8B)［相生結び］→ 右ページ

作り方手順：

① ロープの左端から 1m のところをボードにピンで固定する（「スタートの配置と寸法」参照）。

② 右ページの結び方を参照して、4 周のキャリックベンドマット (3L8B) を結ぶ（**7** の 1 周めが終わったところで、型紙の「1 周め終了時の目安サイズ」に合わせておくと、最後の調整が少なくてすむ）。

③ ⓐ、ⓑ それぞれのロープの端を裏に出し、縫い止める始末（→ P.13）をしたらできあがり。

[型紙]
2 枚コピーし、左の点線部分が重なるように貼り合わせると型紙になります。
－ －　1 周め終了時の目安サイズ
───　完成サイズ

スタートの配置と寸法

型紙の点線部分の
山の中央に合わせる

ⓐ　ⓑ
1m　5.5m

型紙

約 40cm

Carrick Bend Mat (3L8B) の結び方

1 左端から仕上がり直径の約5倍の位置をピンで止め、仕上がり直径の2倍強の長さの@でループを作る。

2 ⓑを@のループに前、後ろと通し、さらにⓑの根元と交差させて、@のループと同じくらいのループを作る。

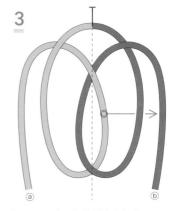

3 @のループの右側（◎）を矢印のように動かしてⓑのループの右側に出す。

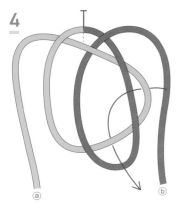

4 ⓑの先端を矢印のように@の後ろ、ⓑの前、@の後ろ、ⓑの前と通して右下に出す。

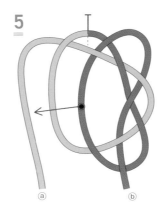

5 ⓑのループの左側（●）を矢印のように動かして@のループの左側に出す。

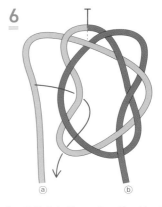

6 @の先端を矢印のようにⓑの前、@の後ろ、ⓑの前、@の後ろと通して左下に出す。

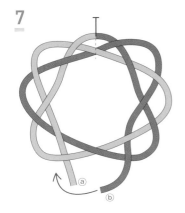

7 これで1周。2周めはⓑの先端を@の端側から1周めの外側に並べるようにロープを通していく。

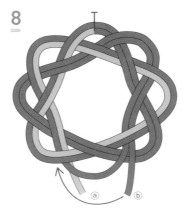

8 2周めを通したところ。指定の周回数分、2周めと同様にⓑを前周のロープの外側に通していく。

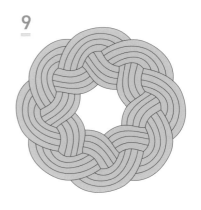

9 指定の周回数が終わったら@側からⓑ側へと結んだ順にロープのゆるみを送って形を整え、端は裏で始末する。

Spiral Mat のポットマット

スパイラルマットは、複雑な交差なしにロープをぐるぐる回していくだけでできる結びです。1周めの6つのループの大きさをそろえ、バランスよく配置するのがポイントです。

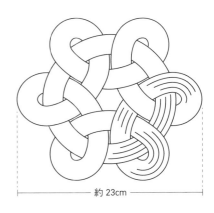

約23cm

材料：リネンロープ 生成 7.5m／手縫い糸 適宜

仕上がりサイズ：直径約23cm

技法：Spiral Mat → 右ページ

作り方手順：

① 右ページの結び方を参照して、スパイラルマットを結ぶ（「スタートの配置と寸法」参照。1周めのループを型紙に合わせて置き、ループの根元を型紙の固定位置にピンで固定していくと形が作りやすい）。

② 最初と最後のロープの端を裏に出し、縫い止める始末（→ P.13）をしたらできあがり。

[型紙]
2枚コピーし、左の点線部分が重なるように貼り合わせると型紙になります。
——— 完成サイズ
● 1周めループの固定位置

スタートの配置と寸法

28cm

15cm

端側を上にする

Spiral Mat の結び方

1
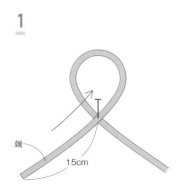

端から 15cm くらいのところに仕上がり直径の約 1.2 倍の長さでループを作り、根元をピンで固定する。

2
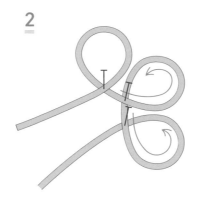

1 と同じ大きさのループを続けて 5 つ作る。六角形になるように各ループの根元をピンで固定していく。

3
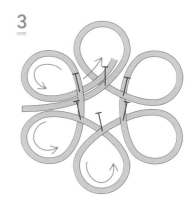

1 周終わったところ。2 周めからは 1 周めのループの内側に沿わせてロープを並べていく。

4
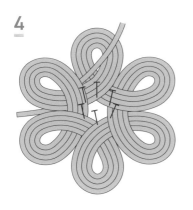

4 周するとこのようになる。

5
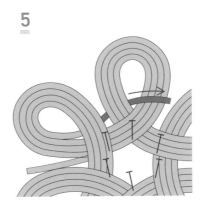

ここからはループの穴にロープを通していく。まずひとつめのループの左側の後ろから穴に入れ、前に出す。

6
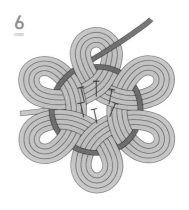

残り 5 つのループの穴にも 5 と同様にロープを通す。ロープはなるべく穴の根元側に寄せておく。

7

5 〜 6 を繰り返して、外側へ向かってさらに 3 周（合計 4 周）ロープを通す。

8
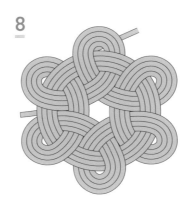

ピンをはずし、先端に向かってロープのゆるみを送り、全体の形を整える（→ P.12）。

9
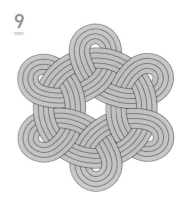

ロープの端を裏で始末（→ P.13）すればできあがり。

Portuguese Square Sennit のフロアマット

結びひも 2 本と芯ひも 2 本で結ぶポルチュギーススクエ
アセンニット（平結び）を、1 段ごとに 2 本ずつずらして結
んで面を作ります。日本では伝統模様の「七宝つなぎ」に似
ていることから、「七宝結び」と呼ばれる技法です。

材料：リネンロープ 生成　70m〔7 かせ〕（2.5m × 28 本に
切り分ける）

仕上がりサイズ：縦 60cm ×横 40cm（フリンジ除く）

技法：Portuguese Square Sennit［平結び］➔ P.58

作り方手順：

① ロープ 4 本をそろえて並べ、中央で外側のロープ
を結びひも、内側のロープを芯ひもにしてポル
チュギーススクエアセンニット（左上）を 1 回結
ぶ。これを 7 セット作り、「スタートのロープの
配置」のように並べる。結びの上側のロープをテー
プで固定したり、結びをボードにピンで固定する
と、続きが結びやすくなる。

② 結び図Ⓐを参照し、下に向かって 1 段ごとに結
びひもと芯ひもを入れ替えながらポルチュギー
ススクエアセンニット（左上）を 14 段結ぶ。

③ 180 度回して上下を入れ替え、結び図Ⓑを参照し
て 1 段ごとに結びひもと芯ひもを入れ替えなが
らポルチュギーススクエアセンニット（右上）を
14 段結ぶ（前半とは結びの向きを逆にする）。

④ 両端（14 段めと 28 段め）の結び目の結びひもを
「結びひもの始末」のように始末し、ロープの端を
好みの長さに切りそろえればできあがり。

結び図Ⓐ （前半）

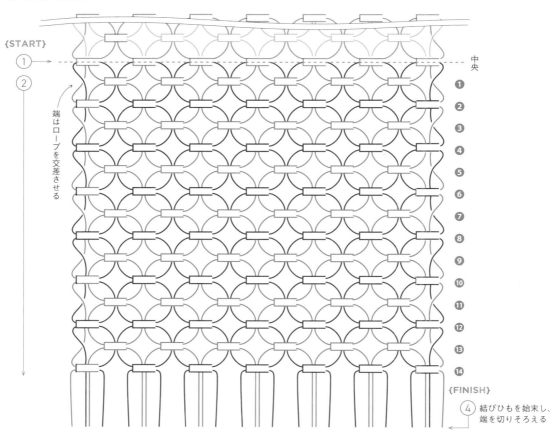

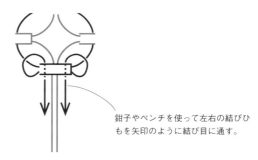

結びひもの始末

鉗子やペンチを使って左右の結びひもを矢印のように結び目に通す。

スタートのロープの配置

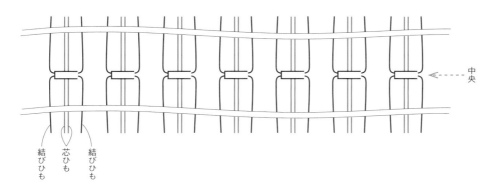

← 中央

結びひも　芯ひも　結びひも

結び図Ⓑ（後半）

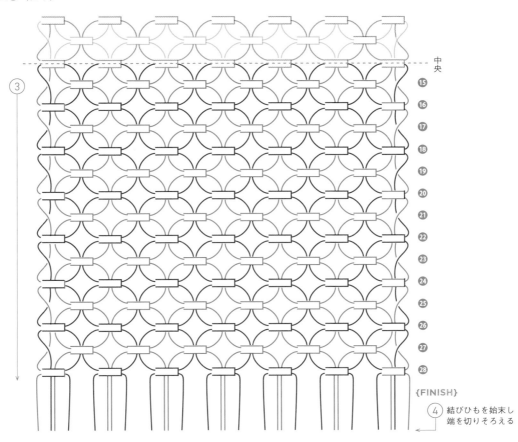

中央

③

15
16
17
18
19
20
21
22
23
24
25
26
27
28

{FINISH}

④ 結びひもを始末し
端を切りそろえる

Kringle Mat をつないだラグ

クリングルマットは、北欧の「クリングル」というパンに似た形の結び。飾り結びの世界では、僧侶の袈裟の装飾に使われることから「袈裟結び」と呼ばれています。

材料：コットンスペシャル ロープ 10mm ナチュラル（1081）　160m〔リール巻3個＋16m1かせ〕／手縫い糸適宜　※ロープの切り寸法は表参照

仕上がりサイズ：縦約87cm×横約125cm（最大寸法）

技法：Kringle Mat［袈裟結び］→ 右ページ

＊カバー裏面に型紙があります→ITEM 4 - ⓐ／ⓑ／ⓒ／ⓓ

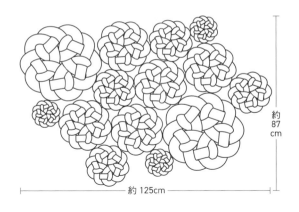

約87cm

約125cm

作り方手順：

① 右ページを参照してモチーフをⓐ3枚、ⓑ4枚、ⓒ5枚、ⓓ2枚結ぶ。それぞれのロープの端は裏に出して縫い止める始末（→ P.13）をする。

② 下の配置図を参考に、4種類のモチーフを縫い合わせればできあがり。

切り寸法と周回数一覧表

	サイズ	切り寸法	本数	周回数
ⓐ	S（直径14cm）	4m	3本	2周
ⓑ	M（直径21cm）	10m	4本	3周
ⓒ	L（直径26cm）	12m	5本	4周
ⓓ	LL（直径40cm）	24m	2本	7周

モチーフ配置図

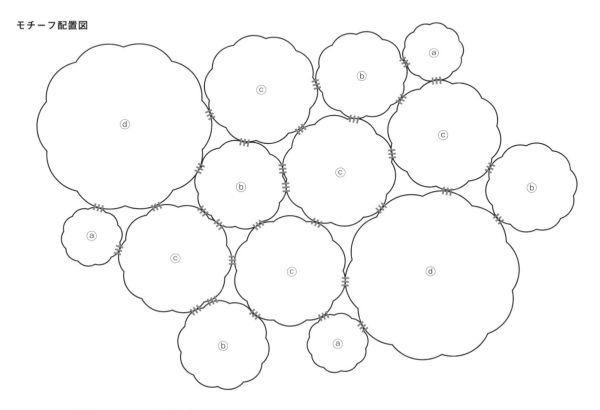

||| の位置でモチーフ同士を縫い合わせてつなぐ。

Kringle Mat の結び方

1
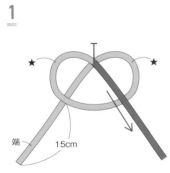

端を約 15cm 残して図のように置き、上の交点を固定する（型紙を使う場合は★を交点の左右の曲線に合わせる）。

2
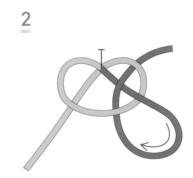

ロープの先端を 1 の右側に後ろ、前、後ろ、と通し、右上に出す。

3
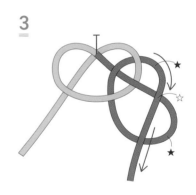

ロープを折り返し、2 のループにのせ、☆を固定する（型紙を使う場合は★を交点の左右の曲線に合わせる）。

4
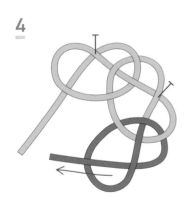

2 〜 3 をさらに 2 回繰り返す。

5
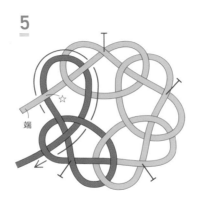

1 周めの最後は、端の後ろ、1 の左側の前、後ろ、前、と通してから 2 と同様に通し、☆を固定する。

6
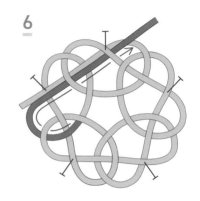

2 周めからは 1 周めの内側に沿わせてロープを通していく。

7
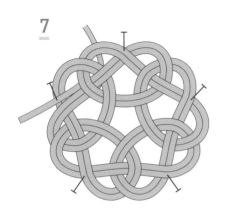

指定の周回数分ロープを通す。図は 2 周終わったところ。

8
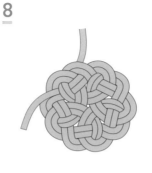

ピンをすべてはずし、結び始めから結び終わりへとゆるみを送り、形を整える（→ P.12）。

9

ロープの端を裏に出して始末（→ P.13）すればできあがり。

Clove Hitch のテーブルランナー

太いロープを芯にして、細いロープでクローブヒッチを密に結ぶと、面を作ることができます。ボードにピンで芯の始点やカーブを固定し、引っぱりながら結ぶのがコツ。

材料：[芯]コットンスペシャル ロープ 10mm ナチュラル（1081）16m〔1かせ〕／[結びひも]コットンスペシャル 2mm 生成（1001）39.6m〔2かせ〕／接着剤 適宜
※結びひもの切り寸法は表参照

仕上がりサイズ：縦 30cm ×横 64cm

技法：Clove Hitch［巻結び］→ P.56 ／ Cow Hitch - B［ひばり結び］→ P.55

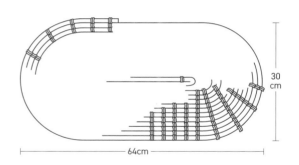

結びひもの切り寸法一覧表

	切り寸法	本数
ⓐ	2.4m	12 本
ⓑ	2.4m	2 本
ⓒ	2m	2 本
ⓓ	1m	2 本

結び図

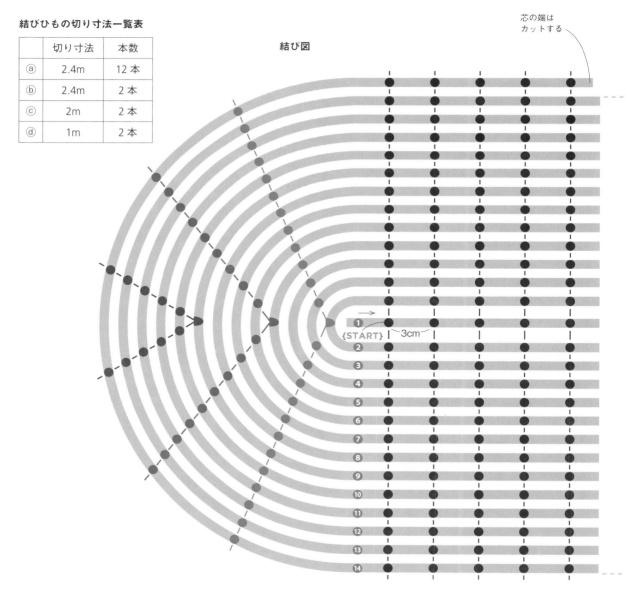

芯の端はカットする

{START}
3cm

作り方手順：

① 芯の端から3cmのところに結びひも@の中央を合わせ、クローブヒッチAで結びつける。芯の3cmおきに、残りの結びひも@も同様に結びつける。

② 芯ひもを折り返し、カーブの頂点に二つ折りした結びひも⑥をカウヒッチBで取りつける。

③ 折り返した芯に、①の結び目から下に出た結びひも@でクローブヒッチBを結ぶ（並んだ芯の間になるべく隙間ができないように結ぶのがコツ）。

④ 以下、芯を渦巻状に巻きながら（これから結ぶ芯がつねに下側になるように全体を反時計回りに回転さ

せながら結ぶ）、結びひもでクローブヒッチBを結んでいく。カーブ部分では②と同様に5周めで結びひも©、9周めで結びひも⑥を取りつけ、次の周からは結び図のように2本を1本ずつに分け、放射状にクローブヒッチBを結ぶ。

⑤ クローブヒッチを最後まで結んだら、芯は1cm程度残してカット。周囲に残る結びひもの端を短く切り、裏で端からふたつめのクローブヒッチの裏コブに通し、接着剤で固定すればできあがり。

{FINISH}
結びひもの端はすべて短くカットし、裏側で上から2番めの
結び目のコブにそれぞれ入れ込んでから接着剤で固定する。

▨▨▨	芯
———	結びひも@
———	結びひも⑥
———	結びひも©
———	結びひも⑥

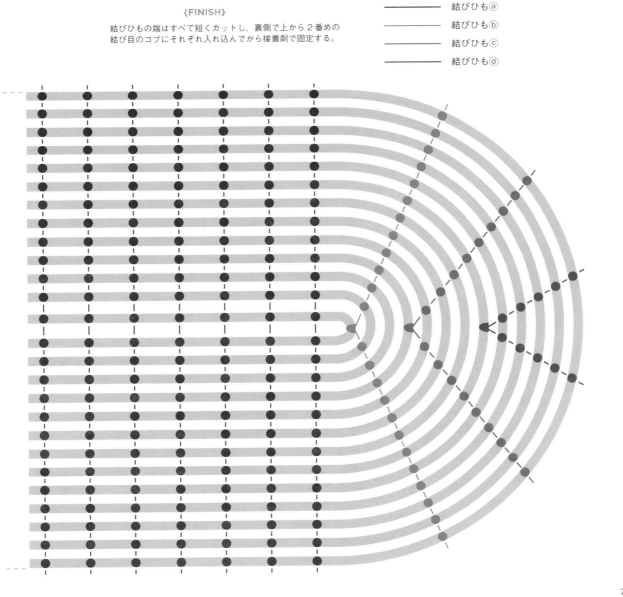

Turk's Head Knot (3L5B) のキャンドルホルダー

キャリックベンドマットを筒型に成形するとできるターク
スヘッドノット。タークスヘッドノットのうち、日本では
「かごめ結び（十角）」と呼ばれるタイプの結びを使ってグラ
スをカバーします。

材料：
〈大〉コットンスペシャル ロープ 10mm ナチュラル（1081）
　4m ／直径 7.5cm 程度のグラス　1 個／手縫い糸　適宜
〈小〉コットンスペシャル 4mm　生成（1041）　4m ／直径
6cm 程度のグラス　1 個／手縫い糸　適宜

仕上がりサイズ：
〈大〉直径約 10cm ×高さ約 6cm
〈小〉直径約 7cm ×高さ約 3cm
※高さは大・小ともロープ部分

技法： Turk's Head Knot (3L5B) = Carrick Bend Mat (3L5B)
［かごめ結び（十角）］→ 右ページ

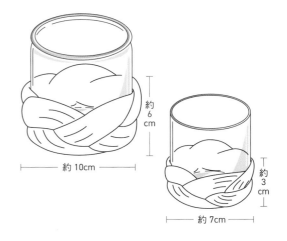

作り方手順：（大・小共通）

① グラス直径の 1.5 倍程度の大きさになるように、
　タークスヘッドノットの 1 周めを結ぶ（「スター
　トの配置と寸法」参照）。

② 右ページを参照して、〈大〉は 3 周、〈小〉は 4 周の
　タークスヘッドノット（3L5B）を結ぶ。7（2 周め）
　で中央にグラスをはめ込む。

③ 最後にもう一度ロープのゆるみを引き締めて形を
　整え、ロープの端は目立たない位置で縫い止める
　始末（→ P.13）をすればできあがり。

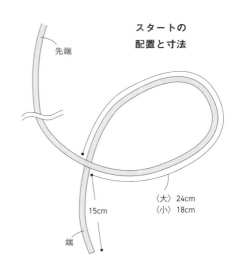

スタートの
配置と寸法

先端

〈大〉 24cm
〈小〉 18cm

15cm

端

Turk's Head Knot (3L5B) ／ Carrick Bend Mat (3L5B) の結び方

1
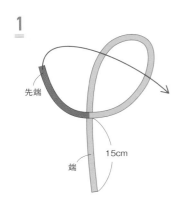

端を 15cm ほど残して仕上がり直径の 2.4 倍程度の長さのループを作り、先端を矢印のようにループに乗せる。

2
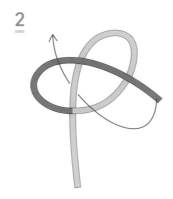

先端をループの根元側に折り返し、前、後ろ、前、と矢印のように通す。

3
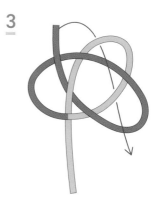

先端を折り返し、最初のループと 2 でできたループに後ろ、前、後ろ、前、と矢印のように通す。

4
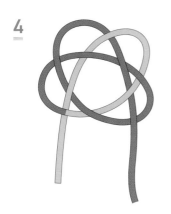

これで 1 周めが終了。

5
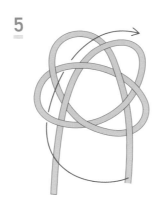

2 周めは先端を 1 周めの外側に沿わせて通していく（矢印のように通すと下側に 1 周めの最後の山ができる）。

6

2 周めの最後は 1 周めの最後の山の外側に沿わせる。平らに成形するとキャリックベンドマット（3L5B）になる。

7

形が安定したら、中央の穴を広げ筒型にする（裏を内側にする）。土台に巻く場合は土台を入れゆるめに成形する。

8

指定の周回数分続けて結び（図は 3 周）、結び終わりから結び始めへゆるみを送って全体の形を整える。

9

ロープを筒の内側に出して（土台に巻いている場合は目立たないところで）始末すればできあがり。

Turk's Head Knot のポットカバー

「3L5B」と「4L5B」という 2 種類のタークスヘッドノットを
使った、2 種類のポットカバー。見くらべてみると、交差
の数の違いがよくわかります。シンプルな 3L5B とデコラ
ティブな 4L5B、植物に合わせて選ぶのもおすすめです。

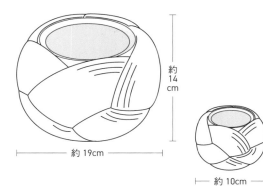

材料：
〈大〉リネンロープ 生成　23m〔3 かせ〕／円形の植木鉢（直
径 17cm ×高さ 14cm）　1 個
〈小〉ビッグ未ザラシ #130　9m ／円形の植木鉢（直径
9cm、高さ 7cm）　1 個

仕上がりサイズ：
〈大〉直径約 19cm ×高さ 14cm
〈小〉直径約 10cm ×高さ 7cm

技法：
〈大〉Turk's Head Knot (3L5B) = Carrick Bend Mat (3L5B)［か
ごめ結び（十角）］→ P.77
〈小〉Turk's Head Knot (4L5B) = Carrick Bend Mat(4L5B)［か
ごめ結び（十五角）]）→ P.24

作り方手順：

① 植木鉢の直径の 1.5 倍程度の大きさになるよう
に、〈大〉はタークスヘッドノット（3L5B）、〈小〉は
タークスヘッドノット（4L5B）の 1 周めを結ぶ（「ス
タートのロープの配置」参照）。

② 1 周めのロープの外側に沿わせながら、〈大〉は 5
周め、〈小〉は 3 周めくらいまで続けて結ぶ。中央
に植木鉢をはめ込み、中央の穴を広げ（底面はカ
バーしない）、植木鉢の側面に沿うようにロープ
のゆるみを引き締める。ここでは高さが植木鉢の
半分くらいになるように形を整える。

③ 続けて植木鉢の形に沿うように〈大〉は 11 周め
で、〈小〉は 6 周めまで結ぶ。後半はロープを通し
にくくなるので、鉗子を使って引き出すのがおす
すめ。

④ 最後にロープのゆるみを引き締めて全体の形を整
え、ロープの端をギリギリでカットすればできあ
がり。

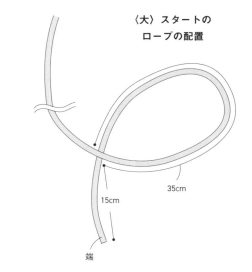

〈大〉スタートの
ロープの配置

35cm

15cm

端

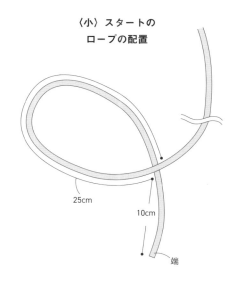

〈小〉スタートの
ロープの配置

25cm

10cm

端

Carrick Bend Mat と Turk's Head Knot

キャリックベンドマットとタークスヘッドノット。この2種類の結び、構造自体はまったく同じです。船の上で柱の装飾を兼ねた緩衝材として使われてきたタークスヘッドノットは、その用途から仕上がりは筒型。一方、キャリックベンドマットは、タークスヘッドノットを押し広げて平らにしたものです。タークスヘッドノットにはバリエーションが多く、1周結んだとき上下の端の間に並ぶロープの本数（リード＝Lead）と、片方の端にできる山（バイト＝Bight）の数で区別されることから、本書ではタークスヘッドノットもキャリックベンドマットも、「4L5B」などといった略語表記で種類を示しています。

ところで、前述のようにキャリックベンドマットにはタークスヘッドノットを平らに成形して作る方法もあるのですが、じつはこの結び、平らに結ぶほうがわかりやすく、作業しやすいのです。そこで本書では、タークスヘッドノットも平らなキャリックベンドマットでベースを作ってから筒型に成形する方法を紹介しています。

ちなみにフラットなマットからは筒型が作れるだけでなく、縁側だけを好みの高さになるまで起こすとボウル型に、さらに起こして縁を中心に集めれば球型にもできます。右の写真はキャリックベンドマット（4L5B）［かごめ結び（十五角）］から筒型とボウル型、さらにボウル型から球型へと成形して形を変えた例です。

Half Hitch Spiral のケーブルカバー

結び目のコブが左下がりの螺旋を描くハーフヒッチスパイ
ラル・右バージョンをひたすら結んでケーブルをカバーし
ます。ロープの必要量の目安はケーブルの長さの約6倍。
カバーしたいケーブルに合わせて準備してください。

材料：ビッグ未ザラシ #130　9m（ケーブル1.5m分）

仕上がりサイズ：1.5m（ケーブルの長さ）

技法：Half Hitch Spiral［右輪結び］ → P.54

作り方手順：

① ロープの端を3〜4cm根元近くのケーブルに沿
わせ、ケーブルと一緒に芯にしてハーフヒッチス
パイラル（右バージョン）を結ぶ。数回結んだら、
ロープの端を引っぱって最初の結び目をしっかり
固定する。

② 続けてケーブルの反対側の端ギリギリまでハーフ
ヒッチスパイラルを結ぶ。

③ 3〜4cm残してロープをカットし、残した部分
を結び目4〜5目の下にくぐらせて引き出し、
余分な部分をカットすればできあがり（ケーブル
を傷つけないよう注意）。

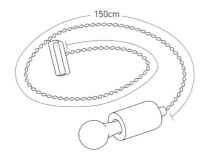

150cm

結び図

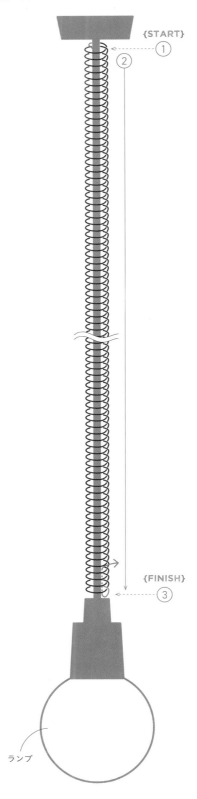

{START}　①

②

{FINISH}

③

ランプ

Monkey's Fist のドアストッパー

おもりを詰めたカプセルトイのケースをモンキーズフィストでカバーして、ずっしり大きな玉に。この作品のように大きな土台を使用する場合、巻き始めのロープを土台にマスキングテープで仮止めすると結びやすくなります。

材料：コットンスペシャル ロープ 10mm ナチュラル（1081）　7m ／直径 6.5cm のカプセルトイのケース　1 個／製菓用の粒状のおもり　350g 分程度（ケースに入るだけ）／接着剤　適宜／テープ　適宜

仕上がりサイズ：直径約 11cm（ループを除く）

技法：Monkey's Fist［モンキーノット］→ P.62

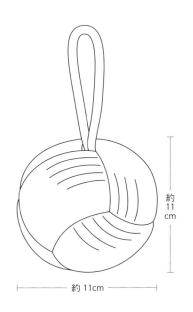

約
11
cm

── 約11cm ──

作り方手順：

① 「おもりの詰め方」のようにしてカプセルトイのケースにおもりを詰める。

② ①を土台にして、7 回巻きのモンキーズフィストを結ぶ。

③ 巻き始めのロープの端はギリギリでカットする。巻き終わりのロープの端に、「ループの作り方」を参照してループを作ればできあがり。

おもりの詰め方

❶ふたと本体におもりを詰める。

本体

ふた

❷ふた側に下敷きなどをかぶせておもりがこぼれないように押さえながら本体にかぶせる。

下敷き

❸ふたと本体がずれないようにして下敷きを引き抜き、ケースを閉める。

❹ふたと本体の接合部をテープでとめる。

テープ

ループの作り方

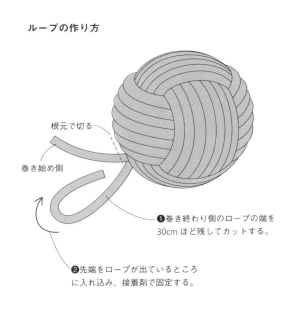

根元で切る

巻き始め側

❶巻き終わり側のロープの端を30cm ほど残してカットする。

❷先端をロープが出ているところに入れ込み、接着剤で固定する。

Monkey's Fist のカーテンタッセル

長いロープの両端にモンキーズフィストを作ります。ふた
つの玉の間のロープを二つ折りしてカーテンに巻き、ロー
プのバイト部分にモンキーズフィストを通してとめる仕様
です。

材料：コットンスペシャル ロープ 10mm ナチュラル
（1081） 7m ／アルミホイル　適宜（直径 5cm の玉が 2 個
作れる分量）

仕上がりサイズ：直径約 8cm（玉部分）、全長約 156cm

技法：Monkey's Fist［モンキーノット］→ P.62

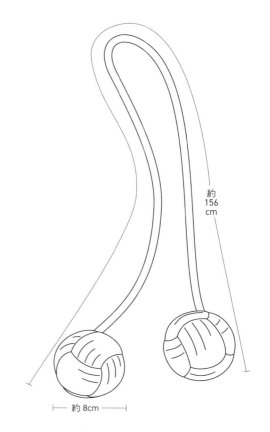

約
156
cm

├── 約 8cm ──┤

作り方手順：

① アルミホイルをくしゃくしゃに丸めて固め、直径
5cm の玉を 2 個作る。

② ①の1個を土台にして、4回巻きのモンキーズフィ
ストを結ぶ。

③ ②の巻き終わり位置からロープ 140cm 分間隔を
あけて、①の残り 1 個を土台にして、もうひと
つ 4 回巻きのモンキーズフィストを結ぶ。

④ 最初と最後のロープの端をギリギリでカットすれ
ばできあがり。

結び図

{START}

① アルミホイルで土台用の玉を作る。

② {FINISH} ④ {FINISH} ④ ③

4 140cm 4

Turk's Head Knot (4L5B) のバスケット

4L5B のタークスヘッドノットをボウル型に成形して作る
バスケットです。極太ロープで結ぶと1周でも形が安定
するので、1周終わったところで成形し、必要最小限のロー
プで結べるようにしています。

材料：コットンロープ 14mm　10m ／接着剤　適宜

仕上がりサイズ：直径約 18cm ×高さ約 12cm

技法：Turk's Head Knot (4L5B) = Carrick Bend Mat (4L5B)
［かごめ結び（十五角）］→ P.24

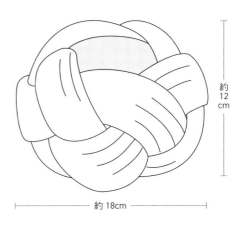

約 12 cm

約 18cm

作り方手順：

①　直径 30cm くらいになるように、タークスヘッド
ノット（4L5B）を1周結ぶ（P.24 の **7** まで。「スター
トのロープの配置」も参照）。

②　表が外側になるように縁を起こしてバスケットの
形に成形する（続けてロープを通すので、この段
階では引き締めすぎないのがコツ。

③　1周めのロープの右側（外側）に並べて3周めまで
結ぶ。

④　ロープのゆるみを引き締めて全体の形を整えなが
ら4周めを通す。ロープの端は内側に入れて接
着剤で固定する。

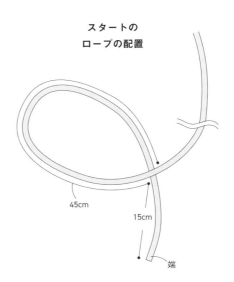

**スタートの
ロープの配置**

45cm

15cm

端

Clove Hitch のバスケット

クローブヒッチは、バケツなど既存の容器を型にすると、立体的に結ぶこともできます。型の上で底の中心から始め、底ができたら側面へ。使う型により、大きさのアレンジも可能です。

材料：[芯]コットンスペシャル ロープ 10mm ナチュラル（1081）16m[1 かせ]／[結びひも]コットンスペシャル 4mm 生成（1041）73m[3 かせ]／型にするバケツ（作品に使用したものは底直径 22cm ×高さ 21cm）
※結びひもの切り寸法は表参照

仕上がりサイズ：直径約 24cm ×高さ約 19cm

技法：Clove Hitch[巻結び] → P.56 ／ Cow Hitch - B[ひばり結び] → P.55

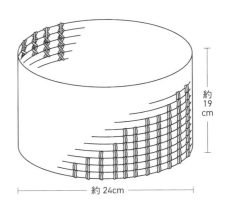
約 19 cm
約 24cm

結びひもの切り寸法一覧表

	切り寸法	本数
ⓐ	4.5m	2 本
ⓑ	4.2m	4 本
ⓒ	4m	8 本
ⓓ	3.8m	4 本

作り方手順：

① 型を伏せて置き、底面の中心に結びひもⓐ 2 本の中央を合わせて十字に重ね、十字の下側の結びひもの上に芯ひもを置き（端を右側にする）、最初のクローブヒッチ B を結ぶ。

② 型を反時計回りに回し、芯ひもを時計回りに巻きながら、十字にした結びひもの残り 3 本でもクローブヒッチ B を結ぶ。ここまでが 1 段め。

③ 2 段めも②と同様に結ぶ。3 段めは結びひもⓐの結び目ふたつの間に二つ折りした結びひもⓑをカウヒッチ B で取りつけ、結びひもを増やす。

④ 以後、結び図〈底〉を参照して 6 段めで結びひもⓒ、9 段めで結びひもⓓを足しながら、クローブヒッチ B を結ぶ（底の段数は使用する型に合わせて増減する）。

⑤ 結びひもを足さずに側面のクローブヒッチを結ぶ。芯を型の側面に合わせて巻き、クローブヒッチを結ぶとしだいに側面が立ち上がってくる。

⑥ 27 段め（または好みの高さまで）結んだら、芯は最後の結び目から 2cm くらいのところでカットする。結びひもの端は裏側で上から 2 番めの結び目の裏コブに通し、短くカットしてできあがり。

結び図

〈側面〉

{FINISH}
結びひもの端は裏側で上から2番めの結び目のコブにそれぞれ入れ込み、短くカットする。

芯の端は
カットする

次段へ続ける

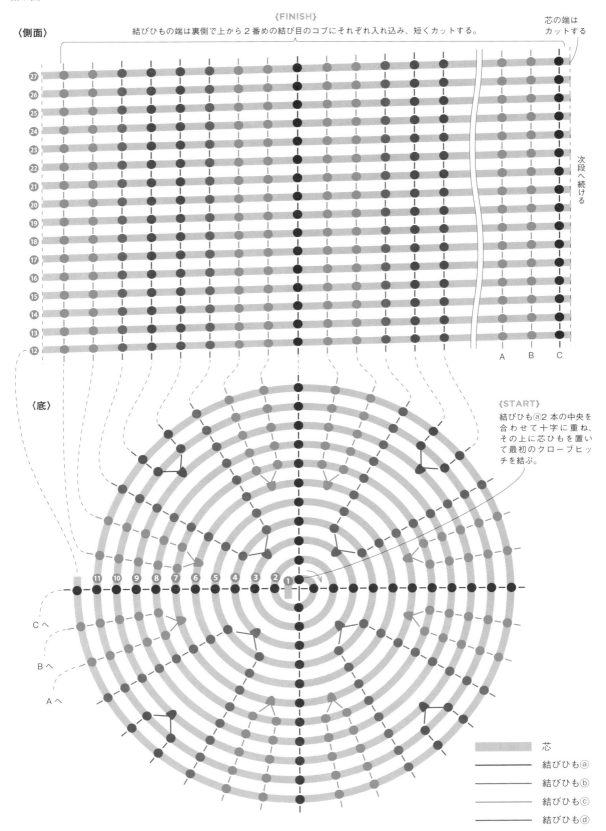

27 26 25 24 23 22 21 20 19 18 17 16 15 14 13 12

A B C

〈底〉

{START}
結びひも@2本の中央を
合わせて十字に重ね、
その上に芯ひもを置い
て最初のクローブヒッ
チを結ぶ。

11 10 9 8 7 6 5 4 3 2 1

Cへ
Bへ
Aへ

芯
結びひも@
結びひも⑥
結びひも©
結びひも@

Rope Ladder Knot のラダーラック

等間隔にロープラダーノットを結んで、小さめの縄ばしご
を作ります。間隔をそろえ、個々のロープラダーノットを
水平に結ぶのがポイントです。最初のループはフィギュア
オブエイトノットでさりげなく装飾的に。

材料：リネンロープ 生成　10m

仕上がりサイズ：幅 15cm ×高さ 65cm

技法：Figure of Eight Knot［8 の字結び］ → P.52 ／ Rope
Ladder Knot → P.65

作り方手順：

① ロープを 4.6m と 5.4m の二つ折りにし、バイト
側で 2 本一緒にフィギュアオブエイトノットを
結ぶ（「スタートのロープの配置」参照）。

② フィギュアオブエイトノットから 14cm のところ
で左のロープを 2 回折り返して芯にし、右のロー
プを巻いて 1 段めのロープラダーノットを結ぶ。
右のロープはなるべく隙間なく巻き、最後に芯を
しっかり引き締めるのがコツ。2 段めからは、前
の段と 12cm 間隔をあけて 1 段めと同様にロープ
ラダーノットを 5 段めまで結ぶ（左右のロープは
1 段ごとに入れ替わる）。

③ 最後のロープの端はギリギリでカットして、でき
あがり。

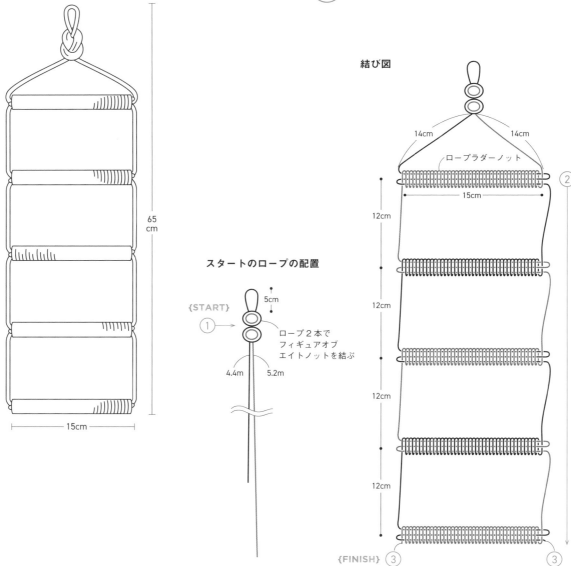

結び図

スタートのロープの配置

{START}

5cm

ロープ 2 本で
フィギュアオブ
エイトノットを結ぶ

4.4m　5.2m

65
cm

15cm

14cm　14cm

ロープラダーノット

15cm

12cm

12cm

12cm

12cm

12cm

{FINISH} ③　③

Pipa Knot のタペストリー

ロープ2本で4回巻きのピパノットを作ります。結び始めと結び終わりのロープの端は、あえて長く残してフリンジに。フリンジ部分は芯を抜き、編みロープの側をほぐしてラフに仕上げています。

材料：コットンスペシャル ロープ 10mm ナチュラル（1081） 5.6m（2.8m × 2 本）

仕上がりサイズ：幅 12cm × 高さ 56cm（フリンジ含む）

技法：Pipa Knot［みょうが結び］→ P.61

作り方手順：

① ロープ2本で4回巻きのピパノットを結ぶ。スタートではフリンジ用に結び始め側の端を長く残す（「スタートのロープの配置」参照）。

② 結び始めと結び終わりのロープの端は切らずに4本それぞれ 30cm 程度芯を抜く（芯の抜き方はP.14 参照）。

③ 芯を抜いた部分の側を好みの風合いになるようほぐしてできあがり。

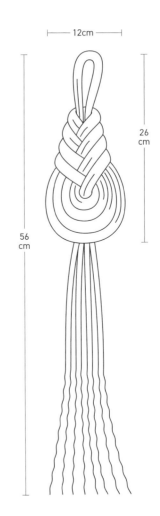

12cm
26cm
56cm

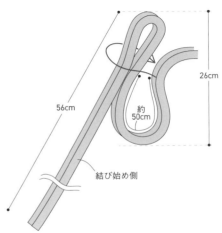

**スタートの
ロープの配置**

56cm
26cm
約50cm
結び始め側

Over Hand Knot のネットラック

オーバーハンドノットを 1 段ごとにずらして結んでネット状の面を作ります。壁面に吊るし、壁にマスキングテープを水平に貼り付けてガイドにするのがおすすめです。

材料：ビッグ未ザラシ #130　76.2m〔3 かせ〕（ⓐ本体用 6m × 12 本、ⓑホイッピング用 70cm × 6 本に切り分ける）／長さ 90cm 程度のポール　1 本

仕上がりサイズ：幅約 85cm ×高さ約 160cm（フリンジ含む）

技法：Over Hand Knot［ひ と 結 び］→ P.52 ／ Common Whipping［まとめ結び］→ P.65

作り方手順：

① ロープⓐを中央で二つ折りし、中央から 5cm のところで 2 本一緒にオーバーハンドノットを結び、できたループをポールに掛ける。

② ポールを壁面などに吊るし、①の結び目から 9cm 間隔をあけて隣合う 2 本のロープでオーバーハンドノットを結ぶ（①の結び目とは組み合わせを 1 本ずつずらす）。以後同様にして 11 段めまで結ぶ（結び図Ⓐ参照）。

③ 12 段めは、左右の端のロープを中央に引き寄せてオーバーハンドノットを結ぶ（これで全体が輪になり、左右の端を結んだ結び目が前中央になる）。前中央のみ前段の結び目から 12cm あけて結ぶ。

④ 輪の状態のまま、11 段めまでと同様に 13 〜 14 段めを結ぶ。前中央部分の結び目は前段の結び目から 11cm あけて結ぶ（結び図Ⓑ参照）。13 段めの前中央左右の結び目 2 個は、中央側のロープのみ 11cm にする。

⑤ 結び図Ⓑを参照してロープを 4 本ずつに分け、それぞれ 14 段めの結び目から 3cm あけてロープⓑでコモンホイッピングを結ぶ（6 回巻く）。端を 20cm 程度に切りそろえればできあがり。

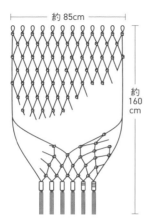

約 85cm

約 160cm

結び図Ⓑ

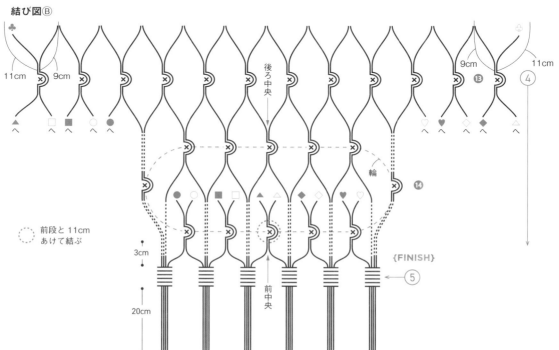

11cm　9cm

後ろ中央

9cm　11cm

⑬　④

輪

⑭

前段と 11cm あけて結ぶ

3cm

{FINISH}

⑤

前中央

20cm

結び図Ⓐ

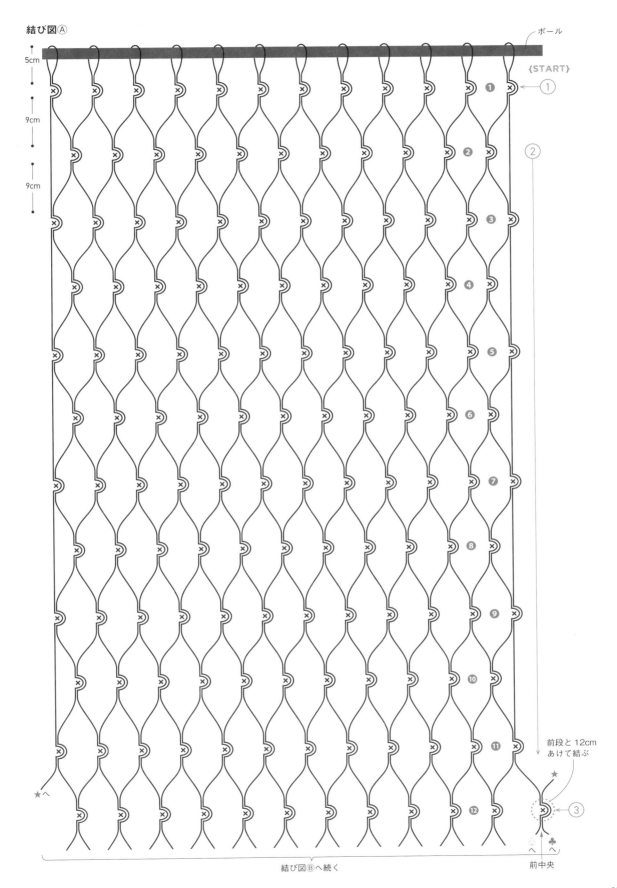

ポール

5cm

{START}

①

9cm

❷

②

9cm

❸

❹

❺

❻

❼

❽

❾

❿

⓫

前段と12cm
あけて結ぶ

★

★へ

⓬

③

結び図Ⓑへ続く

前中央

89

Clove Hitch のタペストリー

芯にする 10mm のロープをクネクネ動かしながら、4mm
のロープでクローブヒッチを結んで固定していきます。大
きめのボード上に方眼用紙を置き、その上で間隔の寸法を
確認しながら結ぶのがおすすめです。

材料：[結びひも]コットンスペシャル 4mm 生成（1041）
42.8m〔2 かせ〕 ／[芯]コットンスペシャル ロープ 10mm
ナチュラル（1081） 8.2m ／[まとめひも]ヘンプトゥワイ
ン・細タイプ ピュア（361） 7.2m ／原木（MA2190）1 本
※各ひもの切り寸法は表参照

仕上がりサイズ：幅約 39cm ×高さ約 53cm（原木部分除く）

技法：Cow Hitch - B [ひばり結び] → P.55 ／ Clove Hitch [巻
結び] → P.56

※カバー裏面に方眼用紙があります。

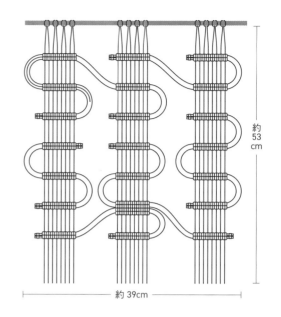

約
53
cm

←――― 約 39cm ―――→

作り方手順：

(1) 結びひも(a)、(b)はすべて中央で二つ折りにし、(a)
を原木の右端と左端、(b)を中央にカウヒッチ B
で取りつける（この段階で 3 グループの結びひも
の間隔を 7.5cm ずつあけ、ボードの上に固定し
ておくとずれにくい）。

(2) 結び図の①〜㉒の順に芯(a)〜(d)を配置しながら結
びひもでクローブヒッチを結ぶ。縦に連続する箇
所は、なるべく隙間なく結ぶ。芯の端はそれぞれ
5cm 程度残しておく。

(3) 芯の端を始末する。一番近いクローブヒッチから
1cm 程度あけたところに、まとめひもで長さ
0.5cm のコモンホイッピングを結ぶ。コモンホ
イッピングから 0.5cm ほどのところで芯をカッ
ト。同様にすべての芯の端を始末すればできあが
り。

ロープの切り寸法一覧表

用途	ロープ種別		切り寸法	本数
結びひも	コットンスペシャル 4mm	(a)	3.5m	8 本
		(b)	3.7m	4 本
芯	コットンスペシャル ロープ 10mm	(a)	50cm	4 本
		(b)	60cm	2 本
		(c)	80cm	4 本
		(d)	90cm	2 本
まとめひも	ヘンプトゥワイン細 タイプ		30cm	24 本

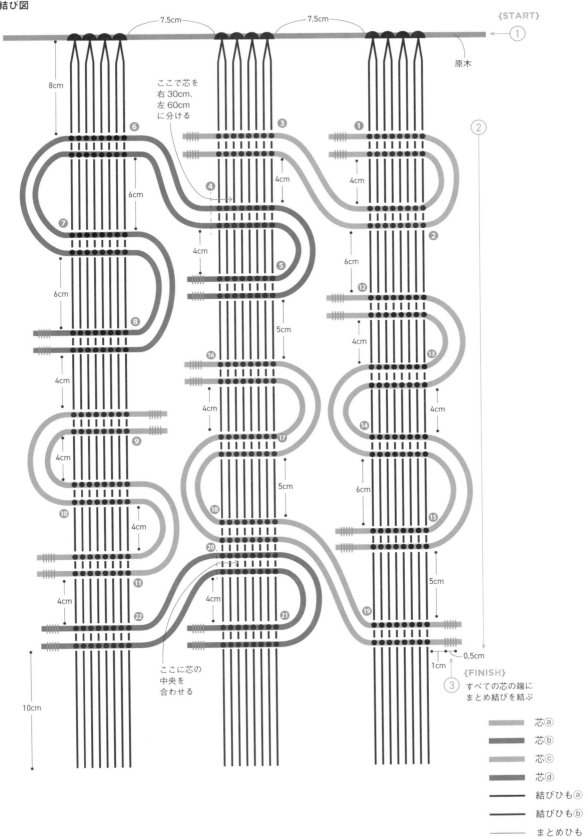

7.5cm　7.5cm　{START}

① 原木

ここで芯を
右30cm、
左60cm
に分ける

8cm

6cm

6cm

6cm

4cm

4cm

4cm

10cm

ここに芯の
中央を
合わせる

4cm

5cm

4cm

5cm

4cm

4cm

4cm

6cm

5cm

4cm

6cm

5cm

0.5cm
1cm

{FINISH}
③ すべての芯の端に
まとめ結びを結ぶ

②

芯ⓐ
芯ⓑ
芯ⓒ
芯ⓓ
結びひもⓐ
結びひもⓑ
まとめひも

91

Carrick Bend Mat(3L8B) の壁掛けミラー

ベースはバイト（山）が８つのキャリックベンドマット
（3L8B）ですが、４周のうち外側２周のバイトを浮かせるこ
とで、羽のような部分を作ります。浮かせても形を保てる
のは、太いロープならではです。

材料：コットンスペシャル ロープ 10mm ナチュラル
（1081）　10m ／円形ミラー（直径 15cm）　１枚／手縫い糸
　適宜

仕上がりサイズ：直径約 30cm

技法：Carrick Bend Mat(3L8B)［相生結び］→ P.67

作り方手順：

① P.67 を参照してキャリックベンドマット（3L8B）
　を２周めまで結ぶ（結び始めは「スタートの配置
　と寸法」参照）

② ３周めは「羽の作り方」のように山部分でロープの
　下側に空間を作りながらロープを通す。４周めは
　３周めのロープに沿わせて通す。

③ 中心部の窓を型紙に合わせて整えながら成形し、
　結び始めと結び終わりのロープを裏に出して始末
　する（→ P.13）。

④ 「ミラーの取りつけ方」のようにして結びの裏面に
　ミラーを縫いつければできあがり。

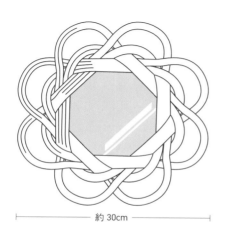

約30cm

スタートの配置と寸法

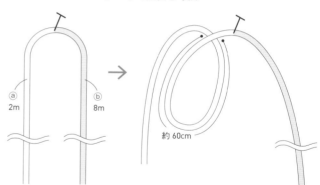

ⓐ 2m　　ⓑ 8m　　約60cm

ミラーの取りつけ方

❶キャリックベンドマットを裏返
し、中央にミラーを裏向きの状態で
置く。

❷針に手縫い糸をつけ、ひと筆描き
で星を描くようにしてミラーの上に
糸を渡しながら◯の位置でキャリッ
クベンドマットのロープを縫い、ミ
ラーを固定する（重いミラーを使用
する場合は縫う回数を増やす）。

できあがり。

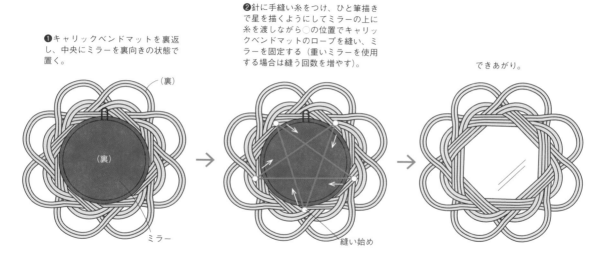

（裏）

（裏）

ミラー

縫い始め

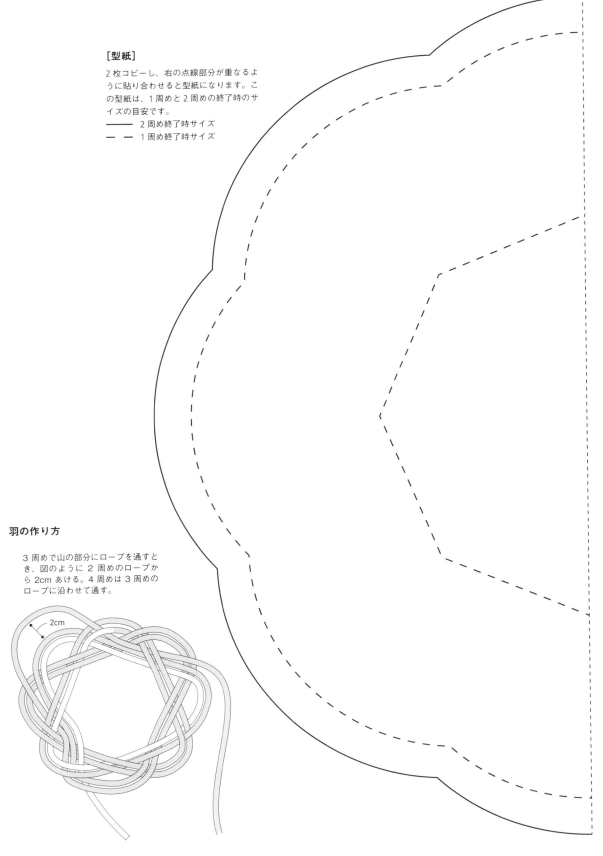

[型紙]

2枚コピーし、右の点線部分が重なるように貼り合わせると型紙になります。この型紙は、1周めと2周めの終了時のサイズの目安です。

———— 2周め終了時サイズ

― ― ― 1周め終了時サイズ

羽の作り方

3周めで山の部分にロープを通すとき、図のように2周めのロープから2cmあける。4周めは3周めのロープに沿わせて通す。

2cm

Zipper Sennit のロープ

ほどきやすいことを特徴とするジッパーセンニット。10分の1程度の長さになるので、装飾と実用を兼ねたロープの保管にもおすすめです。最後も丈夫でほどくのが簡単なもやい結びでループを作って仕上げます。

材料：コットンスペシャル ロープ 10mm ナチュラル（1081）11m

仕上がりサイズ：太さ約3.5cm×長さ約1m（ループ部分を除く）

技法：Zipper Sennit［くさり結び］→ P.60 ／ Bowline Knot［もやい結び］→ P.52

作り方手順：

① ロープを中央で二つ折りし、ジッパーセンニットを1m結ぶ。

② 結び終わり側は下の図のように、片方のループをボーラインノットのループに通して2本のロープをまとめるように結ぶ。ロープの端を好みの長さにカットすればできあがり。

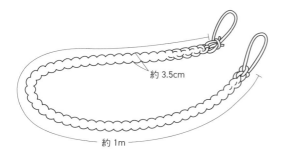

約3.5cm

約1m

ボーラインノットの結び方

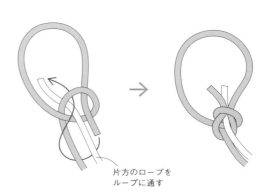

片方のロープを
ループに通す

P.64 ノットボード用ネームラベル
（60×17mmのネームプレート用。使用するネームプレートのサイズに合わせて拡大／縮小コピーして使用してください。）

Over Hand Knot	**Figure of Eight Knot**	**Square Knot**
Bowline Knot	**Cow Hitch**	**Clove Hitch**
Portuguese Square Sennit	**Half Hitch Spiral**	**Zipper Sennit**
Pipa Knot	**Monkey's Fist**	**Common Whipping**
Rope Ladder Knot	**Carrick Bend Mat (3L5B)**	**Carrick Bend Mat (3L4B)**
Carric Bend Mat (4L5B)	**Carrick Bend Mat (3L8B)**	**Kringle Mat**
Spiral Mat	**Square Mat**	**Thump Mat**

INDEX ／結びさくいん ※太字の数字は結び方の掲載ページを表しています。

著者紹介

メルヘンアートスタジオ

ロープやコードなどの結びクラフト素材や、アクセサリーパーツなどの副資材を企画・販売するメルヘンアート株式会社が主宰するクリエイター集団。拠点とする東京・両国のショップ兼工房でワークショップを開催するほか、書籍などで作品を発表し、結びの技法を用いたもの作りのアイデアや楽しみ方を提案している。

材料と用具について

材料(コットンロープ14mmを除く)と用具に関するお問い合わせは下記へお願いいたします。

メルヘンアート株式会社
〒130-0015　東京都墨田区横網2-10-9
TEL 03-3623-3760 ／ FAX 03-3623-3766
電話受付時間　9：00 〜 17：00(土日祝日除く)
www.marchen-art.co.jp

STAFF

作品デザイン・制作	メルヘンアートスタジオ
撮影	永禮 賢(カバー、P.17-19,26-29,32-35,38-48)
	松本のりこ(上記以外)
スタイリング	長尾真理子
イラスト	小池百合穂
編集	笠井良子(小学館 CODEX)

ロープノットのインテリア

2021年5月23日　初版第1刷発行

著者　　　メルヘンアートスタジオ

発行人　　鈴木崇司
発行所　　株式会社　小学館
　　　　　〒101-8001　東京都千代田区一ツ橋2-3-1
　　　　　電話：編集 03-3230-5963　販売 03-5281-3555

印刷・製本　株式会社シナノパブリッシングプレス

販売　　　中山智子
宣伝　　　井本一郎